3. Interdisziplinäres Symposium

DARMFLORA IN SYMBIOSE UND PATHOGENITÄT

Ökologische, physiologische und therapeutische Aspekte von Escherichia coli

Ansbach, 28. – 29. November 1997

Aus Anlaß des 140. Geburtstags von Theodor Escherich

Tagungspräsidenten: J. Hacker (Würzburg)
W. Kruis (Köln)

Veranstalter: Alfred-Nissle-Gesellschaft e.V. · D-58089 Hagen

Symposiumsband zum 3. Interdisziplinären Symposium

DARMFLORA IN SYMBIOSE UND PATHOGENITÄT

Ansbach, 28.–29. November 1997

Veranstalter des Symposiums und Herausgeber dieses Bandes:

Alfred-Nissle-Gesellschaft
Internationale Vereinigung zur Förderung
der mikroökologischen Forschung
und mikrobiologischen Therapie e.V.

Brüninghausstraße 16
D-58089 Hagen
Tel. +49(0)23 31/93 95 95
Fax +49(0)23 31/93 95 99

Redaktion: Dr. med. Gudrun Droop

ISBN 3-00-003276-2

Vorwort

Prof. Dr. Dr. D. Loew

Am 29.11.1997 jährte sich zum 140. Mal der Geburtstag von Theodor Escherich. Zu diesem Anlaß führte die Alfred-Nissle-Gesellschaft in seinem Geburtsort Ansbach ein Symposium durch, auf dem namhafte internationale Wissenschaftler den heutigen Kenntnisstand über Kolibakterien und die Rolle der Darmflora diskutierten.

Theodor Escherich erkannte die Bedeutung der intestinalen Flora, als er nach der Ursache für die zu seiner Zeit häufigen und oft zum Tode führenden Säuglingsdurchfälle forschte. Er entdeckte 1885 in München das *Bacterium coli commune*, das später ihm zu Ehren als *Escherichia coli* bezeichnet wurde.

Der eindrucksvolle Festakt zeigte, daß Escherich in Ansbach nicht nur eine Vergangenheit hat, sondern daß sein Leben und Werk auch heute wahrgenommen und gewürdigt werden.

In einem Nachruf zu Escherichs Tod schrieb Pfaundler in der Medizinischen Wochenzeitschrift 1911: "Was niemand jemals an Escherich sah, das ist der geringste Zug an Kleinigkeit. Sein ganzes Wesen drängte überall nur ins Große. Wie hätte jene mächtige, treibende Liebe zum Beruf auch in den Grenzen einer engen Seele jemals Platz gefunden."

Finkelsteiner schrieb in der Deutschen Medizinischen Wochenzeitschrift vom 30.3.1911 als Würdigung auf Escherich: "Escherichs Name und sein Lebenswerk werden in der Geschichte der Kinderheilkunde stets mit Hochachtung und Verehrung genannt werden." Die interessanten Vorträge und fruchtbaren Diskussionen haben dies eindrücklich bestätigt.

Die wissenschaftlichen Vorträge, die in diesem Symposiumsband zusammengefaßt sind, demonstrierten, in wie vielfältiger Weise das wissenschaftliche Werk von Theodor Escherich fortgesetzt worden ist. Das Studium der Darmflora ist eine interdisziplinäre Wissenschaft. Mikrobiologen, Gastroenterologen, Immunologen, Pädiater und Veterinäre, also Grundlagenforscher und Praktiker, vermittelten in Ansbach eine fachübergreifende Sicht der derzeitigen wissenschaftlichen Erkenntnisse über die Bedeutung der Darmflora in Symbiose und Pathogenität. Neben der ökologischen, physiologischen und pathogenetischen Bedeutung lag ein besonderer Schwerpunkt auf der Stellung von *Escherichia coli* in Prophylaxe und Therapie unterschiedlicher Darmerkrankungen.

Prof. Dr. Dr. D. Loew
Vorsitzender der Alfred-Nissle-Gesellschaft

Einführung

Prof. Dr. J. Hacker

Prof. Dr. W. Kruis

Die Entwicklung der Antibiotika hat das wissenschaftliche Interesse an der Bedeutung unserer Darmflora vorübergehend verringert. Heute jedoch machen aktuelle Kenntnisse, vor allem der Immunologie, sowie die zu erkennenden Grenzen der antibiotischen Therapie eine Beschäftigung mit der physiologischen mikrobiellen Darmbesiedlung wieder notwendig. Multiresistente Keime zwingen zu neuen Lösungsansätzen in Klinik und Praxis.

Die hohe Besucherzahl dieses Symposiums beweist, daß sowohl bei den Grundlagenforschern als auch bei den Klinikern ein großes Interesse an *Escherichia coli* und seinen Eigenschaften besteht. Das anspruchsvolle und vielseitige wissenschaftliche Programm hat gezeigt, daß *E. coli* noch immer ein Fokus der aktuellen Forschung ist und daß sich auch bei der Betreuung von Patienten aus der Erforschung der Darmflora in Zukunft große Perspektiven ergeben können.

Innerhalb der Darmflora nimmt das Bakterium *E. coli* eine herausragende Stellung ein. Schon bei der Geburt wird der zunächst noch sterile Darm zuerst von *E. coli* besiedelt. Immer wieder faszinierend ist auch die große genetische Vielfalt der Spezies *E. coli*. Mittlerweile sind 178 verschiedene O-Antigene, 80 K-Antigene und 46 H-Antigene von *E. coli* bekannt. Insgesamt gibt es ca. 50.000 unterschiedliche serologische Varianten von *E. coli*.

Vor 75 Jahren wurde der Bakterienstamm *E. coli* K12 isoliert, welcher heute in unzähligen molekularbiologischen Arbeiten eingesetzt wird. In den letzten 30 Jahren sind allein 14 Nobelpreise an Arbeiten mit *E. coli* vergeben worden, was die enorme wissenschaftliche Bedeutung des Bakteriums eindrucksvoll unterstreicht.

Die Molekularbiologie hat in den letzten 10 bis 15 Jahren sehr viele neue grundlegende Erkenntnisse über die Physiologie und über die molekulare Organisation von *E. coli* gewonnen. 1997 ist zum ersten Mal das Genom von *E. coli* K12 vollständig sequenziert worden. Weitere Genome von *E.-coli*-Stämmen werden hinzukommen, und gerade die Vergleiche unterschiedlicher Genomsequenzen werden neue Einblicke in die Physiologie und Mikroökologie des Bakteriums sowie in die Pathogenese von *E.-coli*-bedingten Erkrankungen gewähren. Die Molekularbiologie ist somit ein Teil der Pathogenitätsforschung und Epidemiologie geworden.

Wichtig ist nun, daß die in der Grundlagenforschung gefundenen molekularen Mechanismen und Methoden auch den Klinikern zugute kommen. Insbesondere Nachweismethoden für Virulenz- und Resistenzfaktoren sind sehr hilfreich. Die moderne Molekularbiologie ermöglicht so die Unterscheidung zwischen apathogenen und pathogenen *E.-coli*-Bakterien.

Apathogene Mikroorganismen sind Teil der physiologischen Darmflora. Sie spielen eine zunehmende Rolle in der Therapie beispielsweise der entzündlichen Darmerkrankungen und der Darmfunktionsstörungen. Klinische Probleme können durch eine Veränderung der Darmökologie positiv beeinflußt werden. Auch hier ist es eine große Aufgabe der Molekularbiologie, ihre Methoden der klinischen Medizin zugänglich zu machen, um beispielsweise die auslösenden Mechanismen chronisch entzündlicher Darmerkrankungen zu erforschen.

Viele der Erkenntnisse, die wir heute mit neuen Methoden bestätigen, sind in Lehrbüchern von Theodor Escherich und Alfred Nissle bereits beschrieben. Wir beschreiten also mit der *Escherichia-coli*-Forschung einen alten und zugleich hochaktuellen Weg. *E. coli* wird uns auch in Zukunft weiter faszinieren. Seine Bedeutung für die Wissenschaft ist auf dem Symposium in Ansbach in besonderem Maße spürbar geworden.

Prof. Dr. J. Hacker   Prof. Dr. W. Kruis

Inhaltsverzeichnis

Theodor Escherich (1857 – 1911)

Festvortrag von H.-B. Hadorn

Prof. Dr. Dr. H.-B. Hadorn

Theodor Escherich gehörte am Beginn unseres Jahrhunderts zu den Mitbegründern der Kinderheilkunde, gleichzeitig war er auch ein Pionier der Bakteriologie

In den 80er Jahren des 19. Jahrhunderts waren viele Erkenntnisse, die heute zum selbstverständlichen Grundwissen gehören und nahezu ins Unterbewußte Eingang gefunden haben, neu, aufregend oder unsicher. So war z. B. nicht geklärt, wie es zu den schweren Choleraepidemien in größeren Städten gekommen war. Studien in Neapel und in München hatten nahegelegt, daß die Epidemien mit der Wasserversorgung oder mit der Höhe des Grundwasserspiegels in Zusammenhang standen. Ein mikroskopisch nachweisbares infektiöses Agens als Krankheitsursache zu identifizieren war damals keineswegs selbstverständlich. Theodor Escherich war es vorbehalten, hier eine für die naturwissenschaftlich fundierte Medizin entscheidende Entdeckung zu machen: Er erkannte als Erster den Zusammenhang zwischen dem Auftreten bestimmter Koli-Stämme (*Bacterium coli commune*, später *Escherichia coli*) in der Stuhlflora und dem Auftreten von epidemisch verlaufenden Durchfallerkrankungen bei Säuglingen und Kindern (1).

Weniger bekannt ist, daß Theodor Escherich auch als Entdecker von weiteren Durchfallerregern, z. B. *Campylobacter jejuni*, und als Pionier der Sozialpädiatrie gelten darf.

Ansbach – Würzburg – München

Escherich entstammte einer angesehenen fränkischen Familie. Sein Vater war der später in Würzburg tätige Medizinialstatistiker und Medizinalrat Ferdinand Escherich (Abb. 1).

In den Gymnasialjahren erregte Escherich durch "tolle Streiche" wiederholt das Mißfallen der Obrigkeit, und seiner Erziehung sollte deshalb in der Feldkirchner Jesuitenanstalt "Stella matutina" mehr Nachdruck verliehen werden. "Man darf konstatieren, daß der Geist dieses Instituts bei ihm in keiner Weise nachgewirkt hat." schreibt M. v. Pfaundler im Nachruf auf Escherich (2). Ab 1876 folgten dann Uni-

Abb. 1:
Ferdinand Escherich mit seinen Kindern (Theodor Escherich ist links außen beim Vater zu sehen)

versitätsstudien in Straßburg, Kiel, Berlin, Würzburg und München. 1882 trat Escherich in die Würzburger Medizinische Klinik ein, deren Leiter Karl Gerhardt unter allen Universitätslehrern am nachhaltigsten auf Escherich eingewirkt hat. Neben Friedrich Müller und Otto Seifert tätig, rückte Escherich hier zum 1. Assistenten vor und schaffte die Grundlagen für sein ärztliches Können, indem er sich die von Gerhardt vorbildlich vertretene physikalische Technik und Diagnostik aneignete.

Andere Arbeiten aus der Würzburger Zeit weisen aber schon auf eine bedeutsame Erweiterung seines Wissens hin. Sie sind biochemischen oder bakteriologischen Inhalts. Diese Richtung pflegte Escherich später noch in den Laboratorien von H.P. Seiler, M. v. Pettenkofer und F. v. Soxhlet (alles Namen, die zu Begriffen geworden sind).

Karl Gerhardt, der Herausgeber des 1. Deutschen Handbuchs der Kinderheilkunde, war Internist mit starken pädiatrischen Interessen und Kenntnissen, und die Anregungen, die Escherich von Gerhardt auf der Kinderabteilung des Julius-Spitals in Würzburg mitnahm, waren für seine engere Berufswahl bestimmend. Aber die Kinderheilkunde war damals noch ein Stiefkind der Deutschen Fakultäten, und gut ausgestattete Kliniken, an denen sie selbständig betrieben wurde, und die so zur systematischen Ausbildung des Pädiaters dienen konnten, gab es nur im Ausland. So wandte sich Escherich damals nach Paris und nach Wien, zu Hermann v. Widerhofer ans St.-Anna-Kinderspital, der ältesten Kinderkrankenanstalt auf europäischem Boden, deren Leitung Escherich 20 Jahre später übernehmen sollte. Hier festigte sich sein Entschluß, dem Fach der Pädiatrie sein Lebenswerk zu widmen.

Unterdessen begannen sich Robert Kochs Entdeckungen und bakteriologische Methoden durchzusetzen, und als schließlich Escherich Assistent von v. Ranke am Haunerschen Kinderspital in München wurde, ließ er sich durch Frobenius, einen Koch-Schüler, in die Technik der Reinkultur und der Charakterisierung von Bakterien einführen. Dies geschah im Laboratorium des Pathologen Bollinger, der gleichzeitig auch Dekan der Medizinischen Fakultät war. 1886 erschien dann, als Ergebnis einer fast $1^1/_2$-jährigen Zusammenarbeit, aus dem bakteriologischen Laboratorium Bollingers die "Monographie über die Darmbakterien des Säuglings und ihre Beziehung zur Physiologie der Verdauung" (3). Diese Arbeit enthält eine verblüffende Menge von neuen wichtigen Tatsachen, Beschreibungen und Abbildungen. Zahlreiche Bakterienarten, darunter das "*Bacterium lactis aerogenes*" und das "*Bacterium coli commune*" wurden erstmals beschrieben. Das "*Bacterium coli commune*" wurde schließlich zu Ehren Escherichs "*Escherichia coli*" genannt (1919 durch Castellani u. Chalmers und 1958 offiziell durch die mikrobiologischen Gremien).

Neben den Kolibakterien maß Escherich den Milchsäurebakterien eine große Bedeutung zu, und es ist interessant festzustellen, daß Vesikari 1995 darüber berichtet hat, daß Milchsäurebakterien die Immunantwort des Darmes nach einer Rotavirus-Enteritis verstärken und wahrscheinlich daran beteiligt sind, daß sich die Rotavirus-Infektion nicht wiederholt (4).

1886 erwarb Escherich die "venia legendi" für Kinderheilkunde an der Münchener Fakultät, da diese Fakultät bereits 1848 die Kinderheilkunde als Habilitationsfach anerkannt hatte. In diese Zeit fallen auch Arbeiten über die Säuglingsernährung, die Escherich aus der reinen Empirie herausführte. Seine Arbeiten führten zu einer wesentlich verbesserten Dosierung der einzelnen Nahrungskomponenten, und selbstverständlich kümmerte sich Escherich auch um die Ausbildung von Ärzten und Schwestern, die seine exakten Anweisungen zur Kinderernährung ausführen sollten.

Reise nach Neapel

In die Münchener Zeit fällt auch die abenteuerliche Reise Escherichs nach Neapel, um dort zusammen mit seinem Kollegen Emmerich vom Pettenkofer-Institut eine Cholera-Epidemie zu studieren. Sein Bericht im Münchener Ärztlichen Verein, publiziert im Münchener Ärztlichen Intelligenzblatt, später Münchener Medizinische Wochenschrift genannt, ist äußerst lesenswert (5). Escherich beschreibt in diesem Bericht, erschienen im Protokoll der Sitzung vom 3. Dezember, eine Bakterienart, die von späteren Autoren eindeutig als *Campylobacter jejuni* identifiziert werden konnte. Einer parallel zu dem Vortrag erschienenen Arbeit entstammt die in Abb. 2 dargestellte Skizze. Sie zeigt die Morphologie dieser Keime, die er exakt beschrieben hat. Allerdings war Escherich sehr vorsichtig in der Zuordnung von Bakterien zu bestimmten Krankheitsbildern. Was uns heute aber besonders interessiert, ist, daß er bereits damals durch histologische Studien erkannte, daß gewisse Darmerreger sich in der Schleim-

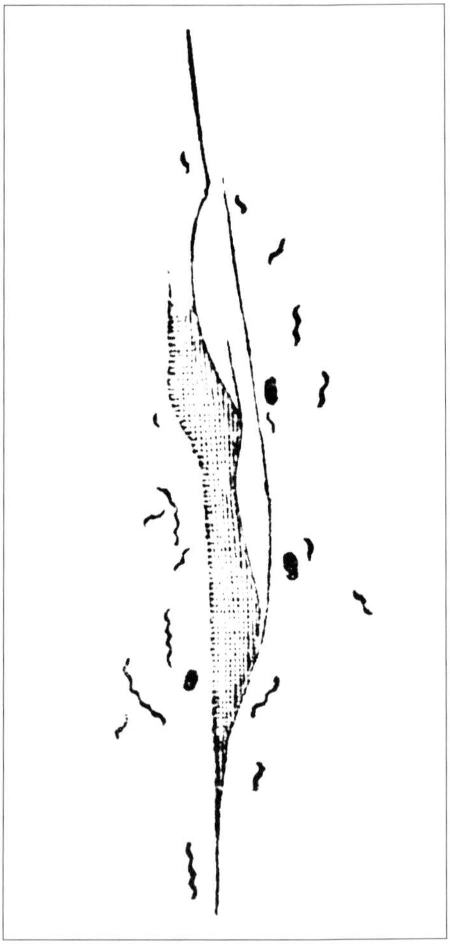

Abb. 2:
Skizze Escherichs zu "*Campylobacter*"
(Schraubenzieher-Form), aus Ref. 5

haut invasiv verhalten, d. h. sie durchdringen diese und sind dann in den Schleimdrüsen und in den Peyerschen Plaques nachweisbar. Damit hat er die Grundlage der Erkenntnis von der Invasivität gewisser Darmerreger gelegt, und er beschreibt auch sehr anschaulich, daß die bakteriellen Darmerkrankungen nicht immer mit Durchfall einhergehen, sondern daß sie durchaus auch primär zu einem infektiösen Krankheitsbild und zur Sepsis führen können.

Ebenfalls in die Münchener Zeit fallen seine Arbeiten über die künstliche Säuglingsernährung und seine Bemühungen, das Stillen zu fördern, weil er sehr bald erkannte, daß die Möglichkeiten der künstlichen Säuglingsernährung trotz größter Anstrengungen beschränkt waren und eine große Gefahr bestand, daß bei der Herstellung dieser künstlichen Säuglingsnahrung Keime in die Zubereitungen gelangten, die dann wiederum Gastroenteritis hervorriefen.

Graz und Wien

Als 1889 der Pädiatrische Lehrstuhl in Graz frei wurde, wurde Escherich als außerordentlicher Universitätsprofessor und Vorstand der kaiserlich-königlichen Universitäts-Kinderklinik in Graz als Nachfolger von v. Jaksch dorthin berufen. Die Laufbahn von v. Jaksch, oder Ritter v. Jaksch, zeigt wiederum, daß zwischen Innerer Medizin und Pädiatrie keine scharfe Trennung bestand, denn v. Jaksch wurde, nach seiner Grazer Kinderarzttätigkeit, Professor für Innere Medizin in Prag. Ab 1890 war nun Escherich mit der Leitung der Grazer Anstalt, dem sog. Anna-Kinderspital (genannt nach der Postmeisterstochter Anna Plochl, der Gattin des Erzherzogs Johann v. Österreich), betraut. Das Grazer Anna-Spital wurde von Escherich durch Adaptierungen, durch mehrfache Um- und Zubauten und durch Neuinstallationen aller Art völlig renoviert und zu einem der schönsten und besteingerichteten Kinderkrankenhäuser Österreichs gestaltet. Heute ist die wunderschöne neue Kinderklinik mit ihren über 200 Betten und der architektonisch herrlich angebauten Kinderchirurgie ein leuchtendes Beispiel für die erfolgreiche pädiatrische Arbeit in Graz. In Graz hat Escherich, zusammen mit dem dort bereits tätigen Physikprofessor Leopold v. Pfaundler, dem Vater Meinhard v. Pfaundlers, die erste Isolette für Frühgeborene konstruiert, und auch das erste Röntgenbild bei einem Kind wurde in der Escherichschen Klinik in Graz hergestellt. Es zeigt eine kindliche Hand mit einer becherförmigen Auftreibung der Epiphysen,

Abb. 3:
"Zur Erinnerung an den 2. August 1894". Die Familien Escherich und v. Pfaundler. Von li. nach re.: Meinhard v. Pfaundler, Amalie v. Pfaundler, Leopold v. Pfaundler, Theodor Escherich und seine Ehefrau Margarethe, geb. v. Pfaundler, davor das Kind Leo sowie Richard und Hermann v. Pfaundler

also eine rachitische Hand. Escherich beschäftigte sich intensiv während seiner Grazer Zeit mit den verschiedenen Erscheinungsformen der Rachitis, vor allem mit der im Frühjahr immer wieder auftretenden Tetanie, wobei, dem begrenzten Laborwissen der damaligen Zeit entsprechend, die Bedeutung der Hypokalziämie für die Entstehung der Tetanie noch nicht ganz klar wurde. Da er mit dem Physiker Leopold v. Pfaundler befreundet war, und dieser eine außerordentlich charmante, künstlerisch begabte Tochter hatte, konnte es nicht lange dauern, bis der Junggeselle Escherich mit der ihm eigenen temperamentvollen Art um die Hand dieser Tochter anhielt. Die Szene ist nach Betrachtung der Abb. 3 leicht vorstellbar. Die Abbildung zeigt auch (links außen) den jungen Meinhard v. Pfaundler, den späteren Direktor der Münchener Universitäts-Kinderklinik (von 1906 bis 1939!).

Doch nun zurück nach Österreich. Eine außerordentlich wichtige Arbeit Escherichs, die aus der Grazer Zeit stammt, ist ein Manuskript über die Ausbildung von Medizinstudenten, das später für die Antrittsvorlesung in Wien Verwendung fand (6). Es gelang ihm, zusammen mit seinem Kollegen v. Wagner-Jauregg, dem Psychiatrie-Professor, zu erreichen, daß Pädiatrie neben Innerer Medizin, Chirurgie und Psychiatrie zum Hauptprüfungsfach wurde. Damit hatte Escherich Entscheidendes für die Weiterentwicklung der Pädiatrie in der Lehre getan, und es ist bedauerlich festzustellen, daß heute in Deutschland die Pädiatrie wieder auf den Status des Wahlfaches abgerutscht ist, d. h. es ist nach wie vor möglich, das Staatsexamen zu bestehen, ohne eine mündliche Prüfung in Pädiatrie zu absolvieren. Zusammen mit Kollegen vor allem aus den Neuen Bundesländern hat sich der Schreibende bemüht, diesen Zustand zu ändern. Dies ist aber bis zur Stunde nicht gelungen, obschon der Deutsche Ärztetag eigentlich diesem Vorschlag zugestimmt hatte.

Die erfolgreiche Tätigkeit in Graz blieb nicht unbemerkt, und als der Wiener Lehrstuhl durch Emeritierung v. Widerhofers frei wurde, erhielt Escherich den Ruf auf den Lehrstuhl am St.-Anna-Kinderspital in Wien. Immer mehr wurde er nun zum erfolgreichen "Spitalmanager". Davon zeugt die Gründung des Wiener Säuglingsschutzes, dann die Förderung der Stillpropaganda und die Einrichtung besonderer Beratungsstunden für Eltern von Neugeborenen in Gebärkliniken. So konnte das wegen Arbeitsüberlastung der geburtshilflichen Ärzte brachliegende Gebiet der Neugeborenenbetreuung für Fragen der Physiologie und Pathologie sachkundig ausgewertet werden.

Escherichs "Schule"

Escherich übte über seine Schüler einen enormen Einfluß auf die weitere Entwicklung der Pädiatrie aus, und Prof. Wiedemann in Kiel, der sich vorwiegend mit der Schule Meinhard v. Pfaundlers beschäftigt hat, konnte den Nachweis erbringen, daß Escherich über seine Schüler v. Pfaundler, Moro und v. Pirquet viele wissenschaftliche Söhne und Enkel, aber leider keine Töchter hervorgebracht hat.

Die Persönlichkeit

Schließlich soll etwas stärker die Persönlichkeit Escherichs charakterisiert werden, wobei ich mich hier weitgehend auf die Arbeit von Dr. Barbara Oberbauer stütze (7). Die einzige Möglichkeit, ein wenig von der Persönlichkeit Escherichs zu erfahren, sind die schriftlichen Äußerungen seiner Schüler. Diese haben ihn wohl bestens gekannt, denn die meiste Zeit, so scheint es, verbrachte Escherich bei der Arbeit. Die Leitung des St.-Anna-Kinderspitals, sein intensiver und hilfreicher Kontakt zu seinen Assistenten, die Vorlesungen und Studentenkurse, und nicht zuletzt seine sozialmedizinischen Projekte kosteten ihn viel Zeit. Sein ganzes Leben war also in erster Linie auf die Arbeit konzentriert.

Sein Schüler Hamburger beschrieb Escherichs Tagesablauf so: "Escherich war sicher vier Stunden täglich im Spital, und die übrige Zeit verbrachte er ausschließlich im Interesse der Kinderklinik und im Dienste seiner volkshygienischen Bestrebungen. Der Abend war fast immer der Arbeit und dem Studium gewidmet".

Der hohe soziale Status der Familie Escherich war gut an der Wahl der Wohnungen zu erkennen. Als Escherich im Jahre 1902 nach Wien kam, bezog er sofort im vornehmen ersten Bezirk der Stadt eine Wohnung am Schottenring 10. Dort befanden sich auch seine Behandlungsräume (Ordination war täglich von 15.00 bis 16.00 Uhr).

1906 zog die Familie an den Maximiliansplatz 17 (den heutigen Rooseveltplatz, wo sich jetzt das Hotel Regina befindet). Die Kinderklinik war auf diese Weise wieder ein Stückchen näher für ihn gerückt. Nur zwei Jahre später folgte der nächste Umzug. Die neue Wohnung war in einem herrschaftlichen Haus im IX. Bezirk in der Alserstraße 28. Escherich wohnte nun in unmittelbarer Nähe seiner Klinik, nur noch 150 Schritte von ihr entfernt. 1906 wurde Escherich durch "seine k.u.k. Apostolische Majestät mit Allerhöchster Entschließung ... der Titel und Charakter eines Hofrats" verliehen, ebenso seinem Freund Julius v. Wagner-Jauregg. Damit genoß Escherich nicht nur Steuerfreiheit(!), sondern durch diese hohe Auszeichnung wurden er und seine Frau Margarethe auch bei den verschiedensten Anlässen zu großen Festdiners bei Hofe eingeladen. Ein Besuch bei Kaiser Franz Joseph I. galt als ganz besondere Auszeichnung.

Auch in Escherichs Wohnung fand das Wiener gesellschaftliche Leben statt. Margarethe Escherich gab gerne festliche Soireen, und das Haus in der Alserstraße wurde somit zu einem gesellschaftlichen Treffpunkt. Im großen Salon war die Tafel oft für über 40 Gäste gedeckt. Escherich brachte häufig Kollegen und Assistenten mit nach Hause. Sonja Weber, die Tochter Escherichs, die später auch Ärztin wurde, erinnerte sich zum Beispiel an lebhafte Diskussionen über das damals so umstrittene Tuberkulin.

Zu Margarethe Escherichs Empfängen waren oft Persönlichkeiten aus dem öffentlichen Leben, Wissenschaftler und Künstler von Theater und Oper geladen (so z.B. Gustav Mahler, der Tenor Leo Slezak und der Burgschauspieler Joseph Kainz).

Internationale Kontakte

Eine Einladung, auf der Weltausstellung in St. Louis das Fachgebiet der Pädiatrie darzustellen, hatte Escherich 1904 gerne angenommen. Er benützte diese Einladung, um auch Kinderspitäler in den USA zu besuchen, und um neue Kontakte zu amerikanischen Kollegen herzustellen. Solche Kollegen aus Amerika kamen auch oft zur Weiterbildung in seine Kliniken in Graz und in Wien. Heute ist es eher umgekehrt, indem Europäer für die Forschung und neuerdings für das Studium neuer Lehrmethoden in die USA pilgern! Aber schon zu Escherichs Zeiten scheinen gewisse Teile der Säuglingsfürsorge in den Spitälern der USA, z. B. in New York, bereits weiter entwickelt gewesen zu sein als in Kontinental-Europa.

Früher Tod

Escherichs früher Tod im Alter von 53 Jahren überraschte seine Familie und die Fachwelt. Kollegen hatten schon in den letzten 6 Jahren vor seinem Tod ein schlechteres Aussehen und eine ominöse Schlängelung der Schläfenarterien an ihm festgestellt. Kollegen bemerkten zudem, daß ihn eine abnehmende Sehschärfe des linken Auges in eine schwere Depression versetzte. Am 8. Februar 1911 erlitt er bei einem Krankenbesuch eine Ohnmacht und aphasische Störungen zunächst vorübergehender Natur. Am 12. Februar kehrte dies jedoch bei der klinischen Visite wieder, und am 14. wurde er von einem schweren apoplektischen Anfall mit halbseitiger Lähmung betroffen. Am 15. Februar mittags erlag er einem zweiten solchen Insult. Eine vorzeitige Arteriosklerose war die Ursache dieser traurigen Geschehnisse.

Schlußfolgerung

Was ist rückblickend die große Lebensleistung des Theodor Escherich? Dies müssen wir uns fragen, auch wenn viel Zeit verstrichen ist und die Fächer der Pädiatrie und der Bakteriologie eine Entwicklung genommen haben, die damals nicht vorauszusehen war, nämlich die molekularbiologische Richtung. Es gelang Theodor Escherich, der eine sorgfältige und umfassende biochemische und bakteriologische Grundausbildung erworben hatte, diese Kenntnisse für die Klinik nutzbar zu machen. Dabei half ihm eine bis ins kleinste Detail gehende scharfe Beobachtungsgabe, die sich vor allem in seinen souveränen bakteriologischen Arbeiten offenbarte, und eine ausgeprägte Fähigkeit zum kritischen Denken. Schließlich, als er Klinikchef geworden war, zeigte sich sein hervorragendes Organisationstalent, indem er es verstand, die damals noch recht einfach eingerichteten Kinderkliniken durch Umbauten und Adaptionen den modernen Erfordernissen anzupassen. Ganz besonders hervorzuheben ist sein Engagement in der Säuglingsfürsorge und in der Prävention, das vor allem seine Wiener Zeit charakterisiert. Auch verdanken wir ihm die verbesserte Stellung der Pädiatrie im klinischen Unterricht.

Escherichs zahlreiche wissenschaftliche Arbeiten erstrecken sich auf alle Gebiete der Kinderheilkunde. Wegweisend waren seine Forschungen über die Ernährungsphysiologie und -pathologie des Säuglings, die Tetanie, epidemisch auftretende Brechdurchfälle,

Abb. 4:
Theodor Escherich,
Photographie aus dem Bestand
der Grazer Universitäts-
Kinderklinik, um 1890

E.-coli-Infektionen, die Tuberkulose des Kindesalters und die Diphtherie. Am wichtigsten für die weitere Entwicklung der Pädiatrie waren aber seine vielen Arbeiten über die bakterielle Darmflora des Säuglings.

Jedem Studenten der Molekularbiologie ist *E. coli* als gefügiges Arbeitstier für die gentechnologische Forschung geläufig. Aber nicht jeder junge Wissenschaftler weiß, wer hinter dem großen "E." steckt. Es war das Ziel der vorliegenden Arbeit, die im wesentlichen auf der Vorarbeit Barbara Oberbauers (7) aufbaut, die Persönlichkeit Theodor Escherichs in ihrer Vielseitigkeit darzustellen. Die Abb. 4 zeigt eine selten reproduzierte Photographie Escherichs aus seiner Grazer Zeit.

Prof. Dr. Dr. H.-B. Hadorn

Direktor der Universitäts-Kinderklinik
Dr. v. Haunersches Kinderspital
Lindwurmstraße 4
D-80337 München

Literatur

1. Escherich, T. Die Darmbakterien des Neugeborenen und Säuglings. Fortschr. Med. (1885) 3: 515-22
2. v. Pfaundler, M. Theodor Escherich (Nachruf). Münchener Med. Wschr. (1911) 58: 521-23
3. Escherich, T. Die Darmbakterien des Säuglings und ihre Beziehung zur Physiologie der Verdauung. F. Enke, Stuttgart: Arbeit an dem pathologischen Institut zu München, Stuttgart (1886) 2: 1-180
4. Majamaa, H., Isolauri, E., Soxelin, M., Vesikari, T. Lactic acid bacteria in the treatment of acute rotavirus gastroenteritis. J. Ped. Gastroenterol. Nutr. (1995) 20: 333-38
5. Escherich, T. Klinischtherapeutische Beobachtungen aus der Cholera-Epidemie in Neapel. Münch. Med. Wschr. (1884) 31: 561-64
6. Escherich, T. Der Unterricht in Kinderheilkunde. Aus der Antrittsvorlesung bei Uebernahme der pädiatrischen Klinik im St.-Anna-Kinderspital, gehalten am 30. April 1902. Wiener Klin. Wschr. (1902) 21: 557-59
7. Oberbauer, B.A. Theodor Escherich. Leben und Werk. FAC Fortschritte der Antimikrobiellen Antineoplastischen Chemotherapie, Futuramed Verlag, München (1992) 11-3: 299-306

Biologische Grundlagen I:
Ökologie und Physiologie

Vorsitzende:

Prof. Dr. B. Gedek

Prof. Dr. M. Kist

Stellung von *Escherichia coli* in der Darmökologie: Bestandteil der Mukosabarriere
T. Midtvedt (Stockholm)

Kolizine und Mikrozine: Ökologische Bedeutung
F. Baquero (Madrid)

Spezifische und generelle Streßantwort von *Escherichia coli* und anderen Bakterien
M. Hecker (Greifswald)

Siderophore: Mikrobielle Eisenkomplexone mit vielfältigen Funktionen
J. Heesemann (München)

Stellung von *Escherichia coli* in der Darmökologie: Bestandteil der Mukosabarriere

von T. Midtvedt

Prof. Dr. T. Midtvedt

Zusammenfassung

Escherichia coli ist die bakterielle Spezies, die bei allen Säugetieren und in allen Lebensabschnitten am häufigsten im Zusammenhang mit der intestinalen und fäkalen Flora genannt wird. Nissle hat die dualistische Rolle von *E. coli* in Eubiose und Dysbiose beschrieben, Haenel hat die Rolle dieser Spezies in verschiedenen Ökosystemen unterschiedlicher Säugetiere bewertet.

Die Entdeckung von Plasmiden und übertragbaren Resistenzfaktoren hat *E. coli* seit etwa einem halben Jahrhundert in den Mittelpunkt der meisten Arbeiten gestellt, die sich mit der Entwicklung und Verbreitung von Antibiotika-Resistenzen unter Enterobakteriazeen in vitro und in vivo beschäftigen. Seit die genetische Manipulation von Mikroben möglich geworden ist, ist *E. coli* K12 der am häufigsten gezüchtete mikrobielle Stamm in wissenschaftlichen mikrobiologischen Laboratorien weltweit.

Obwohl die relative Anzahl von *E. coli* in der Darmflora nur sehr gering ist, ist dieser Keim von großer Wichtigkeit. Im Leben der Säugetiere, der Menschen eingeschlossen, ist *E. coli* der Erstbesiedler des Intestinaltraktes, der so das Milieu für anaerobe Spezies bereitet. Er interagiert mit vielen sogenannten Mikroflora-assoziierten Charakteristika (MAC) und hat so spürbaren Einfluß auf Entwicklung und Wohlbefinden des Wirts.

Obwohl das Vorhandensein von *E. coli* in intestinalen Ökosystemen von Säugetieren seit mehr als einem Jahrhundert bekannt ist, sind viele grundlegende Fragen noch nicht beantwortet. Zwei einfache Fragen sind beispielsweise: 1) wie schnell vermehrt sich *E. coli* im Intestinaltrakt, und 2) wo findet diese Vermehrung statt? Neuere Untersuchungen weisen darauf hin, daß die Vermehrung in vivo wesentlich langsamer abläuft als in vitro und daß sie in sehr spezifischen Mukosa-assoziierten Kompartimenten stattfindet. Zukünftige Arbeiten werden die multifaktorielle Bedeutung von *E. coli* für die Mukosabarriere sehr wahrscheinlich noch unterstreichen.

Summary

Over the years, *Escherichia coli* has become the bacterial species most often mentioned in descriptions of intestinal and faecal flora in any part of life in any mammalian organism. Nissle outlined the dualistic role of *E. coli* in "Eubiose" and "Dysbiose", and Haenel evaluated the role of this species in many ecosystems in several mammals.

Close to half a century ago, the discovery of plasmids and transferable resistance factors put *E. coli* in focus of most work dealing with development and spreading of antibiotic resistance among *Enterobacteriaceae*, in vitro and in vivo. Ever since genetic manipulation of microbes turned out to be a reality, *E. coli* K12 has been the most commonly cultivated microbial strain in scientific microbiological laboratories world-wide.

Although being reduced in relative number, *E. coli* is certainly not reduced in importance. In mammalian life, including human, it is the first microbe to be established in the intestinal tract, thereby creating possibilities for more anaerobic and fastidious species to be established. It may interact in many so-called microflora-associated characteristics (MACs), thereby markedly influencing the development and well-being of the host.

In spite of the fact that we have been aware of the presence of *E. coli* in any intestinal mammalian ecosystem for more than a century, still many basic questions remain to be answered. Two simple questions are 1) how fast is *E. coli* multiplying in the gut, and 2) where does this multiplication take place? New information indicates that the multiplication is far slower in vivo than in vitro and that it takes place in very specific mucosa-associated compartments. Most probably, future work will emphasize the multifactorial importance of *E. coli* in the mucosal barrier.

Einführung

E. coli ist das ganze Leben lang im Gastrointestinaltrakt vorhanden. Dort erfüllt *E. coli* hauptsächlich wichtige physiologische Funktionen. Neben diesen Hauptfunktionen kommt auch eine Beteiligung von *E. coli* an pathophysiologischen Vorgängen vor. Die physiologischen und pathologischen Aspekte von *E. coli* sind seit der Entdeckung dieses Bakteriums vor 110 Jahren Gegenstand intensiver Forschung gewesen.

Viele Arbeiten beschäftigen sich heute mit der Pathogenität und Virulenz von *E. coli*. Escherich selbst hat sich jedoch, als er das "*Bacterium coli commune*" entdeckte, mit den physiologischen Beziehungen zwischen dem Makroorganismus und *E. coli* beschäftigt. Auch die Arbeiten von Nissle und Haenel beweisen, daß *E. coli* eine entscheidende Rolle in der Physiologie des Gastrointestinaltraktes spielt. Nissle betonte vor allem die dualistische Rolle von *E. coli* in Eubiose und Dysbiose, während Haenel die Rolle dieses Mikroorganismus in den vielen verschiedenen Ökosystemen unterschiedlicher Tiere erforschte.

Die Variabilität der Lebensräume von *E. coli* ist groß. Er kann neben seinem normalen Lebensraum im Darm von Mensch und Tier auch in deren Umgebung überleben.

Zum Zeitpunkt der Geburt ist der Mensch keimfrei. *E. coli* ist der Erstbesiedler des Gastrointestinaltraktes, und auch für den Rest des Lebens ist der Mensch mit *E. coli* besiedelt. Escherich hatte das bereits erkannt. Er stellte fest, daß das Mekonium steril ist, daß sich jedoch nur 6 bis 8 Stunden nach der Geburt bereits *E. coli* im Stuhl von Neugeborenen nachweisen läßt.

In den letzten Jahrzehnten ist es, vor allem aufgrund der wesentlich verbesserten Anzuchtmöglichkeiten für anaerobe Keime, gelungen, zu zeigen, daß *E. coli* zahlenmäßig nur einen kleinen Teil der Darmflora ausmacht. Trotzdem ist er einer der wichtigsten Keime, denn im Gastrointestinaltrakt von Mensch und Tier ist er als Erstbesiedler derjenige, der anderen, vor allem anaeroben Spezies, die Ansiedlung ermöglicht. Dadurch übt *E. coli* insgesamt einen großen Einfluß auf die Entwicklung und auf den Gesundheitszustand von Mensch und Tier aus.

Variabilität von *E. coli*

Die Erscheinungsformen von *E. coli* können sehr unterschiedlich sein. Moderne Untersuchungsmethoden ermöglichen es, die Variabilität verschiedener residenter und transienter *E.-coli*-Stämme herauszuarbeiten. Unterschiede finden sich besonders in bezug auf Adhäsionsfaktoren, von denen eine Vielzahl beschrieben worden ist. Diese physiologischen Kontaktmechanismen dienen unter anderem der interzellulären Kommunikation, können aber auch pathophysiologische Bedeutung erlangen, beispielsweise im Rahmen einer Pyelonephritis. *E. coli*, die sogenannte P-Fimbrien exprimieren, werden nur in einem Fünftel aller Fäkalisolate gefunden, jedoch in über zwei Drittel der Fälle mit einer Pyelonephritis. Wie es zu diesen Unterschieden kommt, ist noch nicht im einzelnen geklärt.

Bedeutung von *E. coli* im Neugeborenendarm

Besonders im Gastrointestinaltrakt von Neugeborenen hat die Kolonisation mit *E. coli* erhebliche Auswirkungen. Zum Zeitpunkt der Geburt besteht im Darm ein hohes Redoxpotential. Dadurch können sich Laktobazillen und Bifidobakterien nicht ansiedeln. Sie benötigen *E. coli* als Wegbereiter, was in Untersuchungen an keimfreien Tieren nachgewiesen werden konnte. Einige obligate Anaerobier siedeln sich im keimfreien Tier nur an, wenn zuvor das Redoxpotential gesenkt worden ist, und eine sehr einfache Möglichkeit zur Senkung des Redoxpotentials ist die Monoassoziation mit einem *E.-coli*-Stamm.

Ein weiterer Parameter, der für das Neugeborene von Bedeutung ist, ist die Fähigkeit von *E. coli*, Vitamin K zu produzieren. Auch dies wurde an keimfreien Tieren nachgewiesen. Wird eine keimfreie Ratte oder Maus mit einer Vitamin-K-Mangeldiät ernährt, stirbt sie innerhalb von einer Woche an Blutungen. Wenn man nun dieses Tier mit *E. coli* monoassoziiert, reicht die Vitamin-K-Produktion des Bakteriums aus, um die Prothrombin-Aktivität innerhalb von zwei Tagen komplett zu normalisieren. Die physiologische Bedeutung dieser Vorgänge für den Menschen ist noch nicht abschließend geklärt.

Physiologie der Vermehrung von *E. coli* im Gastrointestinaltrakt

Ein Erwachsener hat ein großes Spektrum an Mikroorganismen im Gastrointestinaltrakt. *E. coli* macht zahlenmäßig zwar nur einen kleinen Teil der Darmflora aus. Dennoch beginnt er sooft wie möglich mit der Reproduktion und verwendet darauf eine große Menge an Ressourcen. Ein einziges *E.-coli*-Bakterium wäre, freier Zugang zu Nahrung vorausgesetzt, in weniger als 32 Stunden auf eine Masse größer als die der Erde angewachsen. Es stellt sich nun die Frage, wo und mit welcher Geschwindigkeit die Vermehrung im Darm stattfindet. Antworten auf diese Frage stammen ebenfalls aus Untersuchungen an keimfreien Tieren.

Wenn ein keimfreies Tier im Bereich des Caecums mit 10^9 bis 10^{10} Keimen *E. coli* monoassoziiert wird, bleibt die Keimzahl bis zum Ende des Dickdarms gleich. Die Vermehrung findet also wahrscheinlich nicht im Dickdarm statt.

Um den Beweis zu führen, daß die Vermehrung im Caecum stattfindet, ist eine neue Methode zur Untersuchung von messenger-RNA von *E. coli* etabliert und unter verschiedenen Multiplikationsbedingungen eingesetzt worden. Unterschiedliche Multiplikationsraten führen zu unterschiedlichen Mengen an mRNA. So entsteht eine Standardkurve, die gezeigt hat, daß die Vermehrung in vivo tatsächlich im Caecum stattfindet. Dort vermehrt sich *E. coli* in der Mukosabarriere. Weiter distal erfolgen einige wichtige biochemische Aktivitäten.

Interessant ist auch, daß die Reproduktionsgeschwindigkeit von *E. coli* im Darm wesentlich niedriger liegt als unter Laborbedingungen. Die Multiplikationszeit beträgt etwa 100 Minuten, deutlich mehr als unter Laborbedingungen.

Stoffwechselaktivitäten von *E. coli*

E. coli beeinflußt viele physiologische Parameter im Darm. Vier Parameter, auf die *E. coli* einen aktiven Einfluß hat, spielen auch für die menschliche Verdauung eine besondere Rolle: der Metabolismus des Muzins, der Gallensäuren, des Bilirubins und der kurzkettigen Karbonsäuren.

Zwar zersetzt *E. coli* im Gegensatz zu einigen anderen Mikroorganismen weder den Kohlenhydrat- noch den Proteinanteil des Muzins auf direktem Wege. In diassoziierten Tieren profitiert *E. coli* jedoch von den primär muzinzersetzenden Eigenschaften anderer Mikroorganismen und baut das **Muzin** in Folgeschritten weiter ab. *E. coli* kann dabei die Abbauprodukte als Nahrung verwerten und sich so vermehren; der Keim hat somit eine Helferfunktion bei der physiologischen Muzinzersetzung im Gastrointestinaltrakt.

Der Metabolismus der **Gallensäuren** ist sehr kompliziert. Bei allen Säugetieren gelangen primäre Gallensäuren aus der Leber, wo sie konjugiert werden, in den

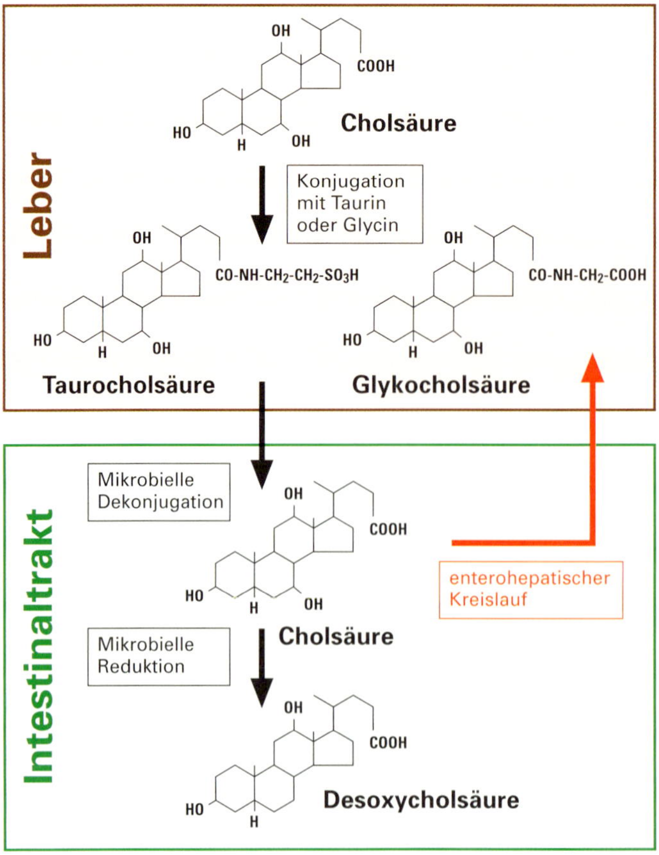

Abb. 1:
Stoffwechsel und enterohepatischer Kreislauf der Gallensäuren

Intestinaltrakt, wo sie von Mikroorganismen umgebaut werden können (Abb. 1). *E. coli* hat nur eine sehr geringe Kapazität zur Dekonjugation, kann aber die Hydroxylgruppe, die sich meist an Position 3 oder 7 findet, dehydrogenisieren. Dies ist von großer Bedeutung für die anaeroben Keime im Gastrointestinaltrakt, denn dadurch haben sie die Möglichkeit, ohne die Anwesenheit von molekularem Sauerstoff Wasserstoff abzugeben. *E. coli* hilft also hier den anaeroben Keimen im Intestinaltrakt beim Verstoffwechseln der Gallensäuren.

Bilirubin ist bei allen Säugetieren das Endprodukt des Häm-Metabolismus in der Leber. Das ist insofern erstaunlich, als auf dem Stoffwechselweg von Häm zu Bilirubin Biliverdin entsteht, eine untoxische, wasserlösliche Substanz, die leicht ausgeschieden werden könnte. Aber der Organismus transferiert Biliverdin in Bilirubin, das konjugiert wird und im Intestinum erneut dekonjugiert wird. Es wird weiter umgebaut zu Urobilin, welches nicht resorbiert werden kann. Bilirubin wird so aus dem Organismus entfernt und kann nicht mehr als toxische Komponente zur Wirkung kommen (Abb. 2).

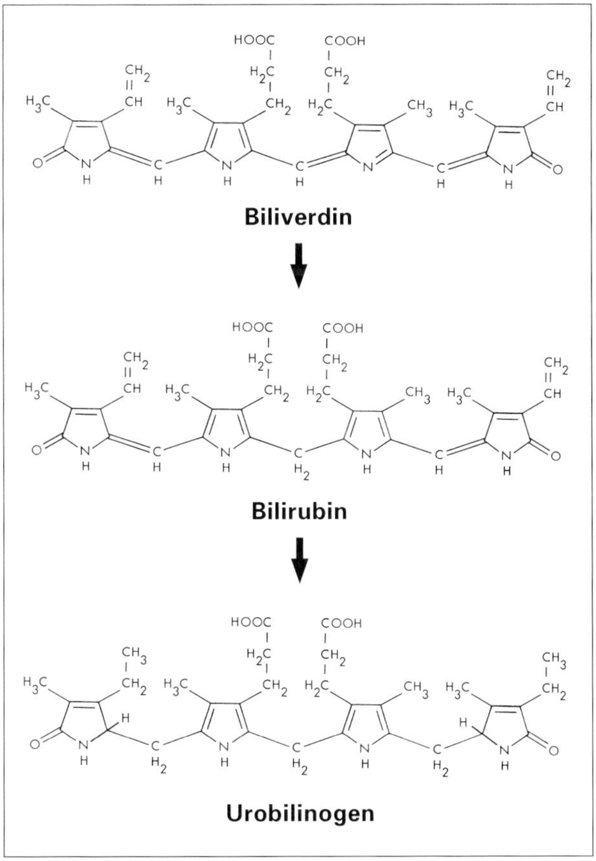

Abb. 2:
Stoffwechsel des Bilirubins

E. coli kann Bilirubin weder dekonjugieren noch in Urobilin transformieren, steigert aber die Aktivität anderer Mikroorganismen, die Bilirubin zu Urobilin umbauen. Bisher ist jedoch erst ein solcher Bakterienstamm isoliert worden. Sowohl in vitro als auch in vivo kann an gnotobiotischen Tieren, die mit dem Stamm monoassoziiert sind, gezeigt werden, daß durch Zugabe von *E. coli* die Menge des produzierten Urobilins verdoppelt, verdrei- oder vervierfacht werden kann. Der genaue Mechanismus aber, der *E. coli* in die Lage versetzt, die Mikroorganismen, die in den normalen Stoffwechsel von Bilirubin zu Urobilin involviert sind, zu unterstützen, ist noch nicht bekannt.

Kurzkettige Karbonsäuren sind anabole und katabole Endprodukte des mikrobiellen Stoffwechsels im Kolon. Darüber hinaus sind sie die wichtigsten Anionen im Kolon, wobei einige von ihnen für die Kolonozyten toxisch sein können, andere dagegen positive Effekte haben. Ein konventionelles Tier produziert alle kurzkettigen Karbonsäuren von C2 bis C6. Ein Tier, das mit *E. coli* monoassoziiert wurde, produziert lediglich Essigsäure und eine geringe Menge Propionsäure. Aus der Essigsäure, die *E. coli* produziert, bilden anaerobe Bakterien Propionsäure, die der Ernährung der Kolonozyten dient. Auch hier fungiert *E. coli* wiederum als Helfer-Organismus.

Fazit

E. coli ist das ganze Leben lang im Gastrointestinaltrakt vorhanden. *E. coli* erfüllt wichtige physiologische Funktionen. Manchmal ist *E. coli* auch an pathophysiologischen Vorgängen beteiligt, aber die Hauptfunktion von *E. coli* ist eine physiologische. Diese Funktion variiert in Abhängigkeit vom Alter, der Ernährung und von speziellen Kompartimenten. Die weitere Forschung wird in der Zukunft sicher die multifaktorielle Bedeutung von *E. coli* für die Mukosabarriere bestätigen.

Prof. Dr. T. Midtvedt
Laboratory of Medical Microbial Ecology
Department of Cell and Molecular Biology
Karolinska Institutet
S-17177 Stockholm, Sweden

Literatur

1. Midtvedt, T. Microbial functional activities. 42nd Nestlé Nutrition Workshop, Geneva (1998)
2. Rang, C. Molecular and physiological characteristics of *Escherichia coli* growth in vitro and in the gastrointestinal tract of mice. Thesis, University of Gothenburg 1997, ISBN-91-628-2597-6
3. Hoeverstad, T., Midtvedt, T., Brehmer, T. Short-chain fatty acids in intestinal content of germ-free mice monocontaminated with *Escherichia coli* or *Clostridium difficile*. Scand. J. Gastroenterol. (1985) 20:373-80

Dr. F. Baquero

Kolizine und Mikrozine: Ökologische Bedeutung

von F. Baquero, M.-R. Baquero und F. Moreno

Zusammenfassung

Antimikrobiell wirksame Peptide sind in den letzten Jahren als wichtige Faktoren der Modulation komplexer mikrobieller Ökosysteme erkannt worden. Diese Peptide werden sowohl in menschlichen Zellen als auch von Mikroorganismen gebildet und sind an der interzellulären Kommunikation beteiligt. Sie spielen eine Rolle bei der angeborenen Immunität. Von Mikroorganismen der physiologischen Darmflora gebildete antibiotisch wirksame Peptide können die Ansiedlung von Fremdorganismen unterdrücken. Über 20 Typen von Kolizinen sind bisher charakterisiert worden. Wie diese großen Proteine im Gastrointestinaltrakt von Säugetieren aktiv bleiben, wird noch kontrovers diskutiert.

Im Gegensatz zu Kolizinen haben Mikrozine ein geringes Molekulargewicht (<5 kDa), und in einigen Fällen (MccB17, MccC7) entsteht das aktive antibiotisch wirksame Molekül durch posttranslationale Modifikation des mRNA-kodierten Proteins. Die meisten Mikrozine werden produziert, wenn die Zelle in die stationäre Phase eintritt. Wahrscheinlich spielen sie eine Rolle beim Schutz der etablierten Mikroflora gegenüber fremden Stämmen. Bisher sind mindestens acht verschiedene Mikrozine erkannt worden. Das klassische "Colicin V" ist eigentlich ein Mikrozin. ColV-tragende Stämme scheinen im Vergleich zu anderen *E.-coli*-Stämmen einen Vorteil bei der Besiedlung des Gastrointestinaltraktes zu haben.

Einige Mikrozine sorgen für das Überleben bestimmter etablierter bakterieller Klone, die aufgrund ihrer optimalen Interaktion mit dem Wirt selektioniert worden sind. Eine der Gefahren der konventionellen antibiotischen Therapie ist die (oftmals unbemerkte) Verdrängung solcher gesunden Klone durch andere, die schließlich eine höhere Resistenz gegen Antibiotika aufweisen. Die Ansiedlung apathogener Organismen wie des *E.-coli*-Stammes Nissle 1917, die die Invasion fremder, eventuell pathophysiologisch relevanter Keime abwehren können, stellt in diesem Zusammenhang eine interessante Strategie dar.

Summary

Antimicrobial peptides have been recognized in recent years as important factors modulating the maintenance of complex bacterial microbiota. These peptides are originated both in human and in microbial cells, and are involved in intercellular communication. They play a role in innate immunity, and antibiotic peptides produced by normal microbial inhabitants of the gut may impede the colonization by foreign organisms. Over 20 types of colicins have been characterized. How these large proteins remain active in the mammalian gut remains controversial.

Unlike colicins, microcins have low molecular mass (<5 kDa), and in several cases (MccB17, MccC7) the active antibiotic compound results from a posttranslational modification to the mRNA-encoded protein. Most microcins are produced when cells enter their stationary phase, suggesting that they may play a role in the protection of the established microflora against alien clones. At least eight different microcin types have been recognized. The classic "colicin V" phenotype is attributable to a microcin. ColV bearing *E. coli* strains apparently have a gradual advantage in gut colonization.

Some microcins may protect the establishment and survival of particular bacterial clones, that have been selected by their optimal interaction with the host. One of the dangers of conventional antibiotic therapy is the substitution (mostly undetected) of these "healthy clones" by others, eventually possessing higher resistance to drugs. The establishment of non-pathogenic "reserve organisms" such as the Nissle 1917 strain that are able to counteract foreign invasions during pathophysiological situations may be an interesting strategy.

Einführung

Die Darmflora ist in unserem Körper ein eigenständiges mikroökologisches System. Im intermikrobiellen Wettbewerb im Gastrointestinaltrakt versuchen oft sehr nah verwandte Stämme Wachstumsvorteile zu erlangen oder die Wachstumsraten der konkurrierenden Zellen zu vermindern.

Ungefähr 10% der DNA des *E.-coli*-Chromosoms kodieren für Bindungs- oder Transportproteine. Dieser Anteil ist wesentlich größer als der Teil der Erbinformation, der für Zellstruktur oder Energiestoffwechsel aufgewendet wird. Das unterstreicht die hohe Bedeutung, die die intermikrobielle Interaktion und das Netzwerk von Verbindungen mit der umgebenden Umwelt für die Zellen haben.

Einen Selektionsvorteil erreichen einige Stämme von *E. coli* durch die Produktion antibiotisch wirksamer Substanzen, die zum größten Teil aus modifizierten Aminosäuren bestehen. Diese bioaktiven Peptide haben eine Vielzahl von sehr verschiedenen Funktionen. Sie wirken als Hormone, Toxine, Neurotransmitter, Gewebewachstumsfaktoren, Pheromone oder Signalmoleküle. Es wird vermutet, daß viele dieser Moleküle mehr als eine Funktion haben.

Peptide mit vornehmlich antibakteriellen Wirkungen werden sowohl von Prokaryonten, wie z.B. *E. coli*, als auch von Eukaryonten bis zur Entwicklungsstufe menschlicher Zellen produziert. Für gewöhnlich dienen sie als biologische Abwehrwaffen gegen Konkurrenten.

Eigenschaften kompetitiver Peptide

Interaktionen zwischen Bakterien werden häufig durch Peptide vermittelt, die antibiotische Wirkungen haben. In gramnegativen Mikroorganismen fungieren vor allem Bakteriozine als inhibitorische Polypeptide. Die Kolizine, von denen etwa 20 verschiedene Typen existieren, sind der Prototyp eines Bakteriozins. Bei den Kolizinen handelt es sich um Substanzen mit hohem Molekulargewicht. Auch grampositive Organismen produzieren Bakteriozine, vor allem solche der Klassen 3 und 4. Beispiele für Klasse-3-Bakteriozine grampositiver Mikroorganismen sind Helveticin oder Lactocin 27.

Außer den hochmolekularen Kolizinen gibt es aber noch eine andere, wichtige Gruppe inhibitorischer Peptide, die von Darmbakterien produziert werden. Das Molekulargewicht dieser Substanzen liegt unter 10.000 Dalton. Diese kleinen inhibitorischen Peptide gramnegativer Bakterien werden Mikrozine genannt. Das erste Kolizin, entdeckt in den 20er Jahren, war Colicin V. Aufgrund des niedrigen Molekulargewichts handelt es sich dabei in Wirklichkeit um ein Mikrozin.

Das genetische System der Mikrozine, insbesondere des Microcin-B17-Operons, ist in den letzten Jahren intensiv erforscht worden. An der Produktion dieses sehr kleinen Peptids sind sieben verschiedene Gene beteiligt.

Die Bildung von Microcin B17 benötigt mehrere Gene aufgrund der Tatsache, daß posttranskriptionale und posttranslationale Modifikationen notwendig sind, um das aktive Molekül zu produzieren. Das Peptid selber ist inaktiv. Es wird aktiviert durch Enzyme, die Glycin-Cystein-Serin-Segmente zu Thiazol- oder Oxazolringen verbinden (Abb. 1). Diese Ringe finden sich auch in mikrobiellen Peptiden mit Antitumoraktivität.

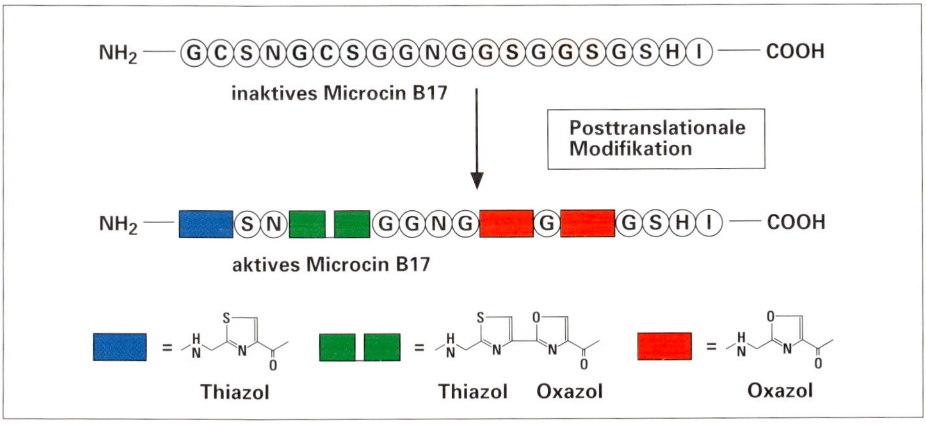

Abb. 1: Posttranslationale Modifikation von Microcin B17 durch Thiazol- und Oxazol-Ringbildung

Die posttranskriptionalen und posttranslationalen Modifikationen von Microcin B17 könnten ein Modell für viele, vielleicht sogar für alle anderen Mikrozine sein.

Auch grampositive Organismen bilden kleine inhibitorische Peptide, die sogenannten Lantibiotika, die einige modifizierte Aminosäuren enthalten. Sie werden auch als Klasse-1-Bakteriozine bezeichnet. Wirbeltiere produzieren Mikrozin-ähnliche Peptide, reich an Lysin oder Arginin.

Antagonismus im Gastrointestinaltrakt

Die mikrobiellen Antagonismen im Darm finden nicht im gesamten Darmlumen statt, sondern auf der Ebene von Mikrokompartimenten. In der Muzinschicht existieren verschiedene Mikrokolonien in sehr enger Interaktion. Die Kolizine wirken von Zelle zu Zelle. Die bekannten makroökologischen Bedingungen des Gastrointestinaltraktes treffen wahrscheinlich auf diese Mikrokompartimente nicht zu. Nur durch Nachweis der biologischen, physikalischen und chemischen Komponenten kann man die Zusammenhänge der Mikroökologie nachvollziehen.

Kompetitive kleine Peptide, wie z. B. die Siderophore, wirken nicht a priori inhibitorisch. In Abwesenheit von Eisen tragen sie allerdings zu den Interaktionen und vielleicht auch zum Wettbewerb zwischen Bakterien im Gastrointestinaltrakt bei. Das sogenannte "quorum-sensing", wodurch die Populationsdichte von Bakterien erkannt wird, wird offenbar dadurch vermittelt. Interessanterweise werden viele Mikrozine,

z. B. Colizin V, in einem gewissen Ausmaß durch Eisen reguliert. Auch Enterobactin, das für die Akquisition von Eisen aus der Umgebung zuständig ist, ist ein Peptid. Enterobactin wird in einer eisenarmen Umgebung synthetisiert und sezerniert.

Aminosäuren in der Darmflora können ebenfalls inhibitorisch oder zumindest regulatorisch wirken. Eine große Anzahl von Darmbakterien sezerniert im Übermaß die Aminosäure Valin. Diese hat möglicherweise regulatorische oder kompetitive Funktionen, die noch nicht bekannt sind.

In anderen Fällen werden Aminosäure-Präkursoren überproduziert. Die Produktion von α-Acetolactat kann unter bestimmten Umständen inhibitorische Funktionen haben.

Gelegentlich wirken modifizierte Aminosäuren inhibitorisch, beispielsweise Methionin. Bei dem Microcin Mcc15, einem der ersten Mikrozine, die entdeckt wurden, handelt es sich wahrscheinlich um modifiziertes Methionin.

Das Enzym EntF bindet Serin und bildet durch Kondensation mit 2,3-Dihydroxy-Benzoesäure 2,3-Dihydroxy-N-Benzoyl-L-Serin (Enterobactin).

Auch andere Enzyme, die antibiotische Peptide bilden, beispielsweise die Gramicidin-Synthetase oder die Tyrocidin-Synthetase I, interagieren in gewissem Ausmaß mit Molekülen, die Ähnlichkeit mit EntF haben.

Vorkommen und Wirkungsweise der Kolizine

Bisher nahm man an, daß proteolytische Vorgänge und anaerobes Milieu die Kolizine lokal zersetzen oder ihre Synthese hemmen können. Es schien daher fraglich, ob Kolizine unter den Milieubedingungen im Darm überhaupt gebildet werden oder stabil sein können. Allerdings kommen die Enzyme Trypsin, Chymotrypsin und Elastase, die für die Zersetzung von Kolizinen verantwortlich gemacht wurden, im Darminhalt nur in sehr geringer Konzentration vor. Anaerobes Milieu kann entgegen der früheren Annahme die Kolizin-Genexpression sogar erhöhen.

Momentan sind 21 Kolizine bekannt. Viele davon nutzen die gleichen Rezeptoren auf den Oberflächen der Bakterienzellen. Die Kolizine binden zunächst an die Rezeptoren, müssen aber, um wirksam zu werden, durch die Zellmembran in die Bakterienzelle transloziert werden. Man hat Translokationssysteme entdeckt, die der Einschleusung der Kolizine dienen.

Antibiotisch aktive Stoffe, wie es die Kolizine sind, führen immer auch zu Resistenzen. In der Tat weisen die meisten *E.-coli*-Stämme Resistenzen gegen das eine oder andere dieser Polypeptide auf. Die Resistenzen werden durch Veränderungen der Rezeptoren bzw. der Translokationswege hervorgerufen. Ein veränderter Rezeptor oder ein veränderter Translokationsweg bedeutet jedoch eine Einschränkung und einen Wettbewerbsnachteil gegenüber den Stämmen, die diese Mutationen nicht aufweisen. Andererseits sind die Bakterien durch das Handicap Kolizin-resistent.

Entstehung der Mikrozine

Möglicherweise sind einige Mikrozine, wie Colicin oder Microcin V, aus frühen Siderophormolekülen entstanden. Der antagonistische Effekt ist eine Möglichkeit, intrazelluläres Eisen aus anderen Zellen zu gewinnen, oder aber die Produktion solcher Substanzen stellt eine Antwort auf kompetitive Siderophore anderer Zellen dar.

Es ist offen, ob Siderophore allgemein einige Mikrozine antagonisieren können und wie die Beziehungen zwischen Mikrozinen und Eisen beschaffen sind. Eisen ist für Bakterien essentiell. Eisenmangel verringert die Wachstumsrate. Auch andere Milieubedingungen, wie niedrige Glukose- oder Azetatkonzentrationen, die ebenfalls das Wachstum begrenzen, regen die Microcin-B17-Produktion an. Alle Stoffe, die in die Stoffwechselregulation der stationären Wachstumsphase involviert sind, erhöhen die Mikrozinproduktion. So kann die Produktion antibiotisch wirksamer Substanzen durch *E. coli* wahrscheinlich dazu beitragen, daß sich bestimmte Stämme im intermikrobiellen Wettbewerb behaupten.

Genetische Studien zum Verwandtschaftsgrad verschiedener *E.-coli*-Stämme haben gezeigt, daß es spezielle Stämme gibt, die hochspezialisiert sind, einen bestimmten Teil des Darms zu kolonisieren. Sie verteidigen ihren Siedlungsraum gegen fremde Eindringlinge. Durch die Koevolution haben sich Rezeptoren in der Schleimhaut gebildet, an die diese symbiontischen Bakterienzellen spezifisch adhärieren.

Ausblick

Die moderne Antibiotikatherapie bewirkt häufig eine Ansiedlung von unphysiologischen Keimen, die eventuell mit einer höheren Resistenz ausgestattet sind. Dies geschieht oft unbemerkt. Apathogene Mikroorganismen können der Besiedlung durch solche Fremdkeime entgegenwirken und stellen in bestimmten pathophysiologischen Situationen eine interessante Strategie dar. Der Mutaflor®-Stamm, der sehr gut adaptiert und apathogen für den Menschen ist, ist dazu geeignet. Seine Evolution verlief parallel mit der des Menschen, so daß er heute im Gastrointestinaltrakt einen wichtigen Beitrag gegen die Besiedlung mit pathogenen Keimen leisten kann.

Dr. F. Baquero

Department of Microbiology and
Unit for Molecular Genetics
Hospital Ramón y Cajal
National Institute of Health
Ctra. Colmenar km 9,1
E-28034 Madrid, Spain

Literatur

1. Boman, H.G. Peptide antibiotics and their role in innate immunity. Ann. Rev. Immunol. (1995) 13: 61-92
2. Tan, Y., Riley, M.A. Trends Microbiol. Evol. (1997) 12: 348
3. Stubbe, J. One of nature's macromolecuar machines demystified. Science (1996) 274: 1152-53

Spezifische und generelle Streßantwort von *Escherichia coli* und anderen Bakterien

von M. Hecker

Prof. Dr. M. Hecker

Zusammenfassung

In den natürlichen Ökosystemen der Bakterien sind Streß und Mangel die Regel. Sehr hohe Wachstumsraten treten in natürlichen Ökosystemen kaum auf. Eine Zelle von *Escherichia coli*, die für eine Teilung unter optimalen Bedingungen nur etwa 20 Minuten braucht, kann dafür im menschlichen Dickdarm 30 Stunden und mehr benötigen. In wäßrigen Biotopen gelangt sie in der Regel überhaupt nicht mehr zum Wachstum. Wenn man die Physiologie des Mikroorganismus im Ökosystem verstehen will, dann sollte man versuchen, die Faktoren herauszufinden, die dort sein Wachstum begrenzt oder sogar sein Überleben gefährdet haben, die damit aber gleichzeitig seine Adaptationsstrategien herausgefordert haben.

Zwei grundsätzlich verschiedene Anpassungsstrategien werden vorgestellt: Einmal die **spezifischen adaptiven Strategien**, die jeweils nur durch einen wachstumsbegrenzenden Umweltfaktor ausgelöst werden (z. B. Hunger oder Streß), und eine mehr **generelle Streßantwort**, die durch ganz unterschiedliche wachstumsbegrenzende Faktoren induziert werden kann. Die generellen Streßproteine üben vermutlich eine protektive, die Zellintegrität erhaltende Funktion in Zeiten höchster Belastung aus, ganz gleich, wodurch der Belastungszustand verursacht wurde.

Diese zwei verschiedenen Strategien lassen sich sehr klar mit Hilfe der hochauflösenden zweidimensionalen Protein-Gelelektrophorese nachweisen.

Der unspezifischen Streßvorsorge kommt eine große Bedeutung zu: Nichtwachsenden bzw. sehr langsam wachsenden Bakterien ermöglichen die unspezifischen Streßvorsorgesysteme ein Überleben längerer Nichtwachstumsphasen. Diese Streßvorsorge stattet die Zelle beim Übergang vom Wachstums- in den Nichtwachstumszustand mit einer "multiplen Streßresistenz" aus, wodurch sie in die Lage versetzt wird, schädlichen Einwirkungen von vermutlich auftretenden Streßfaktoren bereits im Vorfeld zu begegnen.

Summary

In natural ecosystems, bacteria suffer stress and privation. High multiplying rates do not usually occur. Under optimal conditions it takes 20 minutes for a cell of *E. coli* to multiply; it may, however, take more than 30 hours in the human gut. In water, multiplying will come to a complete halt. To understand the physiology of micro-organisms in their ecosystem, it is necessary to study the factors preventing growth or threatening the life of a micro-organism. At the same time these factors activate adaptation strategies of the micro-organism just as well.

Basically, two different adaptation strategies are being pointed out: **specific adaptation strategies** induced by one specific environmental factor (e.g. hunger or stress) as opposed to a **general stress response** induced by several different environmental factors that inhibit bacterial growth. General stress proteins seem to protect cell integrity in times of high incrimination, irrespective of the cause of the incrimatory condition. These two strategies can be clearly discriminated using high definition two-dimensional protein gel electrophoresis.

Unspecific stress precautions play a very important role: they allow non-growing, or better slow-growing bacteria, to survive even prolonged periods of non-growth. These precautions may equip the cell with multiple stress resistance when switching from growth to non-growth, in order to prepare a cellular response to damaging influences of stress factors which might occur in the future.

Einführung
2-D-Proteinindex und "Response Regulation Map"

In den natürlichen Ökosystemen der Bakterien sind Streß und Mangel die Regel und Überfluß ist die seltene Ausnahme. Sehr hohe Wachstumsraten, wie wir sie aus dem Laboratorium kennen, treten in natürlichen Ökosystemen kaum auf. Braucht eine Zelle von *Escherichia coli* für eine Teilung im Laboratorium unter optimalen Bedingungen nur etwa 20 Minuten, so kann die gleiche Zelle für eine Teilung im menschlichen Dickdarm 30 Stunden und mehr benötigen. Wenn man die Physiologie des Mikroorganismus im Ökosystem verstehen will, muß man die Faktoren finden, die dort sein Wachstum begrenzt oder sogar sein Überleben gefährdet haben, die ihn damit in seine "natürlichen Schranken" gewiesen, aber gleichzeitig seine Adaptationsstrategien herausgefordert haben (1). Diese Adaptationsstrategien an die wachstumsbegrenzenden Faktoren zu studieren und zu verstehen, ist ein zentrales Anliegen der Physiologie der Mikroorganismen.

Aus der Überzeugung heraus, daß die Physiologie der Mikroorganismen im entscheidenden Maße eine "Physiologie des Verharrens in der stationären Phase" ist, haben wir damit begonnen, die Genexpressionskontrolle in der nichtwachsenden Zelle zu studieren. Als Organismus entschieden wir uns für *B.subtilis*, wobei ganz ähnliche Untersuchungen auch an *Escherichia coli* seit Ende der siebziger Jahre im Labor von F. Neidhardt durchgeführt wurden (2).

Um erste Einblicke in die Regulation der Genexpression in der stationären Phase zu erhalten, versetzten wir die Zellen in einen Nichtwachstumszustand, beispielsweise durch Verbrauch von Energie-, Phosphatquellen oder Sauerstoff bzw. durch Einwirkung physikalischer Streßfaktoren wie Hitzeschock, Salzstreß oder Säurestreß, also Faktoren, die das Wachstum im natürlichen Ökosystem begrenzen können. Die Umstellung des Genexpressionsprogrammes beim Übergang in den Nichtwachstumszustand wurde zunächst mit Hilfe der hochauflösenden zweidimensionalen Protein-Gelelektrophorese nach O'Farrell studiert, wobei die Proteine zur Erfassung ihrer augenblicklichen Syntheserate vor der Trennung mit S^{35}-Methionin für wenige Minuten radioaktiv markiert wurden. Mehr als 1000 Proteine und damit ein erheblicher Teil der in einer Zelle wirklich stattfindenden Proteinsynthesen lassen sich mit dieser Technik direkt sichtbar machen! Wir fanden erwartungsgemäß eine dramatische Änderung des Proteinsyntheseprogrammes, wenn die Zellen aus dem Wachstums- in den Nichtwachstumszustand gezwungen wurden; neben der Reduktion oder gar Abschaltung der Synthese einer Vielzahl vermutlich vegetativer Proteine traten zahlreiche neue auf, die zum Teil mit enormer Intensität synthetisiert wurden.

Eine genauere, zunächst rein visuelle Auswertung der 2-D-Gele brachte ein weiteres Ergebnis: Die Proteine, deren Synthese durch den Übergang in den Nichtwachstumszustand induziert wurden, lassen sich in zwei große Gruppen einteilen, nämlich in solche, die nur durch **einen** spezifischen wachstumsbegrenzenden Faktor (oder durch eine Gruppe zumindest sehr ähnlicher extrazellulärer Faktoren) induziert werden und in solche, deren Synthese durch **mehrere** der ausgewählten wachstumsbegrenzenden, dabei völlig unterschiedlichen Reize verstärkt wird. Die erste Gruppe haben wir **spezifische,** die zweite Gruppe **generelle** Streßproteine genannt (GSP). Die Synthese der ersten Gruppe von Proteinen schien ausschließlich gegen einen wachstumsbegrenzenden Faktor gerichtet zu sein, um ihn zu zerstören, um Schäden, die nur er und kein anderer angerichtet hat, zu verhindern bzw. auch zu reparieren oder um einem Mangel, den er und kein anderer anzeigt, zu begegnen. Die Synthese der anderen Gruppe von Proteinen, der generellen Streßproteine, schien nicht gegen einen Stressor gerichtet zu sein, sondern eher gegen einen physiologischen Zustand, der durch alle Faktoren ausgelöst wird. Schon Ende der achtziger Jahre vermuteten wir, daß die generellen Streßproteine insbesondere als Reaktion auf den Übertritt in den Nichtwachstumszustand gebildet werden. Sie erfüllen somit eine allgemeine, d. h. die Integrität und damit Überlebensfähigkeit der Zelle schützende Funktion in Zeiten höchster Belastung, ganz gleich, wodurch dieser Zustand ausgelöst wird.

In Kooperation mit Roland Schmid (Osnabrück) haben wir begonnen, die Proteine auf den 2-D-Gelen zu identifizieren, meist durch N-terminale Sequenzierung. Ruth van Bogelen und Fred Neidhardt haben schon lange vor uns eine ähnliche Strategie für *E. coli* genutzt (2). Die erst teilweise vorliegende Sequenz des *B.-subtilis-* oder die inzwischen vollständig entschlüsselte Sequenz des *E.-coli*-Genoms ist dabei von unschätzbarer Bedeutung, außerdem neue Entwicklungen in der Computer-Auswertung radioaktiv markierter 2-D-Proteingele, die durch "Phosphorimaging" einer vergleichenden quantitativen Analyse unterzogen werden konnten. Durch "Fütterung" des Computers mit einem ganzen Katalog ökophysiologisch relevanter Parameter (Proteinsyntheseprogramm für exponentielles Wachstum, verschiedene Varianten von Hunger oder Streß) wurde es möglich, Proteinsynthesemuster unterschiedlicher physiologischer Zustände direkt miteinander vergleichen und qualitativ wie quantitativ beurteilen zu können. Diese Kombination der hochauflösenden 2-D-Protein-Gelelektrophorese mit der Computer-Erfassung von Proteinsyntheseprogrammen, ergänzt durch die Identifikation möglichst vieler Proteine auf den 2-D-Gelen, ist eine höchst leistungsfähige Methode, die eine neue Dimension im Herangehen an physiologische Fragestellungen eröffnet (2). Sind wir es noch gewohnt, in der Dimension einzelner Gene oder Gengruppen zu denken, tritt hier eine Betrachtung aus der Perspektive der Gesamtzelle in den Bereich des Möglichen – eine Herangehensweise, die im Zeitalter umfassender Genomanalyseprogramme mehr und mehr an Bedeutung gewinnt.

Ist ein neues Protein auf den 2-D-Gelen identifiziert, wird die Regulation seines Gens "per Knopfdruck" mitgeliefert, zumindest Informationen über die Kontrolle der Syntheserate durch jene Umweltfaktoren, die im Computer gespeichert sind. Auf der anderen Seite kann man gezielt nach Proteingruppen suchen, die durch einen Umweltfaktor reguliert werden (Stimulon). Hat man schließlich noch Mutanten in den entsprechenden Regulatorgenen zur Verfügung, kann man die einzelnen **Stimulons** in besser definierte **Regulons** auflösen, deren Proteine/Gene gleichen Induktionsmustern folgen. Diese experimentelle Strategie führt von einem zufällig erstellten **2-D-Proteinindex** zu einer "**Response Regulation Map**", durch die das Genexpressionsprogramm der Zelle sowie die Regulation jedes einzelnen Gens umfassend beschrieben wird (2).

Dabei ist mit der Genomsequenzierung nur der erste Schritt getan, wenn es darum geht, eine lebende Zelle oder "Leben an sich" biochemisch zu definieren; die DNA-Sequenz bietet nur den "Bauplan", aus dem man zwar eine Vielzahl interessanter Daten ableiten kann. Mit der zur "Post Genome Era" gehörenden Proteomforschung kann dagegen gezielt analysiert werden, wie dieser "Bauplan" in "Leistung" umgeschrieben wird. Mit einer solchen "Response Regulation Map" (2) haben wir nicht nur die Chance zu erfahren, welche Gene überhaupt exprimiert werden, sie lehrt uns darüber hinaus, wann im Lebenszyklus einer Zelle das passiert, auch mit welcher Intensität oder in welchem Zellkompartiment, Informationen über posttranslationale Modifikationen der Proteine eingeschlossen. Damit ist diese experimentelle Strategie sehr gut geeignet, neue und noch unbekannte Regulons strukturell sowie funktionell zu analysieren.

RpoS- oder σ^B-abhängige generelle Streßproteine

Eine der ersten und typischsten Reaktionen der *B.-subtilis-* oder *E.-coli-*Zelle auf Hunger oder Streß ist die verstärkte Synthese einer Gruppe von Proteinen, deren Gene in Beantwortung ganz unterschiedlicher Streß- oder Hungerfaktoren massiv induziert werden. Mehrere Gruppen haben diese Proteingruppen für eine detaillierte Analyse ausgewählt, da hier eine entscheidende physiologische Funktion in Auseinandersetzung mit Hunger und Streß vermutet wurde.

Wie bereits erwähnt, gehört das σ^B-Regulon von *B. subtilis* zu den auffälligsten der nichtwachsenden Zelle. Eine ähnliche Funktion erfüllt das RpoS-Regulon in *E. coli* (3). Eine computergestützte Auswertung der 2-D-Proteingele ergab, daß auf die Synthese σ^B-abhängiger genereller Streßproteine nur etwa 1 bis 2 % der Translationskapazität einer exponentiell wachsenden Zelle entfallen, die aber nach Einwirkung von Hunger oder Streß bis auf 30 % (!) ansteigen kann (4). Welche physiologische Aufgabe haben diese generellen Streßproteine in der Interaktion mit Mangel und Streß zu erfüllen? Ein Teil dieser generellen Streßproteine wurde N-terminal ansequenziert oder mit Hilfe anderer Techniken identifiziert, wodurch die DNA-Sequenz der zugehörigen Gene verfügbar wurde.

Die so identifizierten Genprodukte erlauben nun erste Einblicke in die Funktion dieser höchst sensibel kontrollierten und umfangreichen Gengruppe. Sie scheinen in die Auseinandersetzung mit ganz unterschiedlichen wachstumsbegrenzenden Faktoren, beispielsweise mit Hitze-, Salz- oder oxidativem Streß, einbezogen zu sein. Die Auseinandersetzung mit toxischen Sauerstoffradikalen, die nicht nur ihre Inaktivierung, sondern auch den vorsorglichen Schutz zellulärer Strukturen (DNA, Proteine, Membranen) einschließt, könnte eine der Hauptaufgaben der generellen Streßresistenz bei aeroben Bakterien sein. Damit deutet sich an, daß zumindest einige σ^B-abhängige generelle Streßproteine in *B. subtilis* eine ähnliche Funktion ausüben wie RpoS-abhängige in *E. coli* (3). σ^B oder RpoS mögen der gestreßten oder hungernden Zelle über die Induktion einer Vielzahl von generellen Streßproteinen eine **multiple, vorsorgliche** und **unspezifische** Streßresistenz verleihen: **Multiple** Streßresistenz, weil die Resistenz gegen mehrere möglicherweise auftretende Streßfaktoren angesprochen wird; **vorsorglich**, weil offensichtlich eine gewisse Wahrscheinlichkeit besteht, daß einer von ihnen wirklich einmal auftreten könnte; **unspezifisch**, da eben im Unterschied zu den spezifischen Systemen ein zunächst als artfremd erscheinender Reiz die Resistenz gegenüber völlig andersartigen auszulösen vermag, beispielsweise löst Glukosehunger eine Resistenz gegenüber oxidativem Streß aus. Die nicht mehr wachsende Zelle wird damit vorsorglich gegen alle möglichen Belastungsfaktoren geschützt, denen sie vielleicht noch gar nicht begegnet ist, die aber irgendwann einmal während einer länger andauernden Nichtwachstumsphase auftreten werden. Nur dann ist die nicht mehr so flexibel reagierende Zelle den möglichen widrigen Umständen gegenüber gewappnet, sozusagen eine vorsorgliche "Pflege- und Altersversicherung" einer nicht mehr wachsenden Zelle, die sich auf zukünftigen Streß vorbereitet.

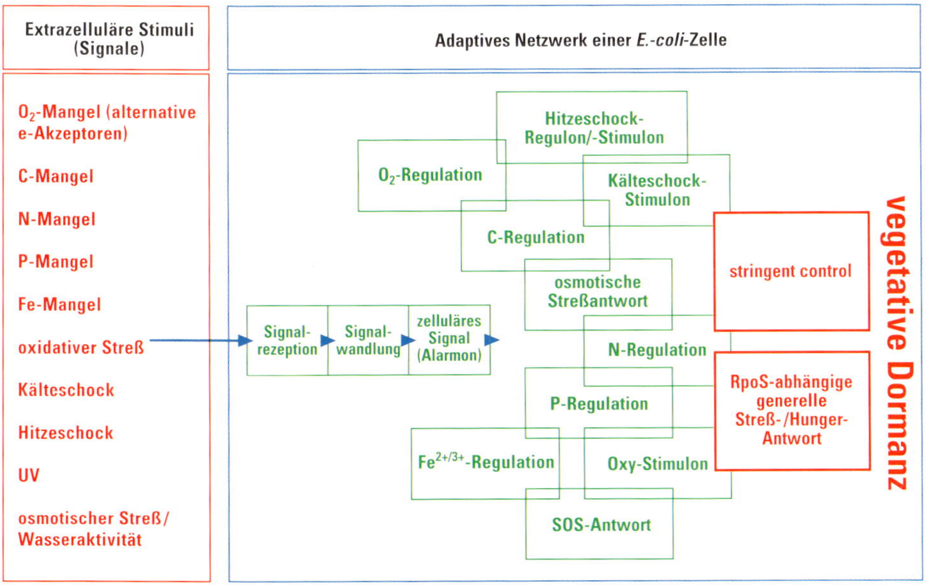

Abb. 1: Das adaptive Netzwerk von *E. coli* zur Beantwortung unterschiedlicher wachstumsbegrenzender Faktoren im Ökosystem.

Zahlreiche der bisher identifizierten SigB- oder RpoS-abhängigen Genprodukte sind zwanglos in dieses **unspezifische Streßvorsorgekonzept** einzuordnen. Es gibt Proteine, die an der vorsorglichen Inaktivierung zu erwartender Stressoren beteiligt sind, Proteine, die im Vorfeld das mögliche und spätere Auftreten von Strukturschäden an Makromolekülen und anderen zellulären Strukturen verhindern können, Proteine, die irgendwann einmal doch auftretende Schäden zu reparieren in der Lage sind (ohne daß der Schaden bereits erfolgt ist), oder solche, die nicht mehr zu reparierende Proteine aussortieren und einem Abbau und damit einer Entgiftung zuführen können.

Damit schließt sich der Kreis, wenn wir eingangs **spezifische** von **generellen Streßproteinen** unterschieden haben, die auf den 2-D-Gelen auftraten. Beide üben ähnliche Funktionen aus, nur setzen sich die spezifischen mit **einem** soeben "eingetroffenen" Stressor unmittelbar und direkt auseinander, die unspezifischen GSP eben vorsorglich mit einer **Vielzahl möglicher**, das Überleben gefährdender Faktoren.

Ausblick

Das hier für *B. subtilis* oder *E. coli* genauer beschriebene Phänomen dürfte von grundsätzlicher Bedeutung sein: Nichtwachsende bzw. sehr langsam wachsende Bakterien, die in den natürlichen Ökosystemen häufiger auftreten als schnell wachsende, haben mehrere unspezifische (d. h. durch verschiedene Stimuli ausgelöste) Vorsorgesysteme aktiviert, die ein Überleben längerer Nichtwachstumsphasen erleichtern. Eines davon ist die "stringent response", die insbesondere sichert, daß in Zeiten des Nichtwachstums mit den vorhandenen Nährstoffen sehr sparsam umgegangen wird, ein weiteres ist die unspezifische Streßvorsorge, die zur Aufgabe haben könnte, schädlichen Einwirkungen von wahrscheinlich auftretenden Streßfaktoren im Vorfeld zu begegnen (Abb. 1). Darüber hinaus könnte σ^B wie RpoS auch für das Überleben pathogener grampositiver Bakterien im Wirt und schließlich sogar für die Kontrolle von Virulenzgenen essentiell sein, eine Thematik, die noch manch neues und überraschendes Ergebnis erwarten läßt.

Prof. Dr. M. Hecker

Ernst-Moritz-Arndt-Universität Greifswald
Institut für Mikrobiologie und Molekularbiologie
F.-L.-Jahn-Straße 15
D-17487 Greifswald

Literatur

1. Hecker, M., Babel, W. (Hrsg.) Physiologie der Mikroorganismen (Die Zelle, ihre Umwelt und die Mechanismen der Adaptation). Gustav Fischer Verlag, Jena und Stuttgart 1988
2. van Bogelen, R.A., Abshire, K.Z., Moldover, B., Olson, E.R., Neidhardt, F.C. *Escherichia coli* proteome analysis using the gene-protein database. Electrophoresis (1997) 18: 1243-51
3. Hengge-Aronis, R. Back to log phase: sigma S as a global regulator in the osmotic control of gene expression in *Escherichia coli*. Mol. Microbiol. (1996) 21: 887-93
4. Hecker, M., Schumann, W., Völker, U. Heat-shock and general stress response in *Bacillus subtilis*. Mol. Microbiol. (1996) 19: 417-28

Prof. Dr. Dr. J. Heesemann

Siderophore: Mikrobielle Eisenkomplexone mit vielfältigen Funktionen

von J. Heesemann, A. Rakin und S. Schubert

Zusammenfassung

Unter aeroben Bedingungen kommen Eisenionen überwiegend als schwerlösliche dreiwertige Fe^{III}-Komplexe vor. Mikroorganismen können sich unter solchen Bedingungen nur mit dem lebensnotwendigen Eisen versorgen, wenn sie hochaffine Fe^{III}-Transportsysteme besitzen. Typische Eisenversorgungssysteme bestehen aus drei Einheiten: 1. Siderophor-Biosynthese, 2. Siderophor-Transport, 3. Fe^{III}-Sensor.

Die bakteriellen Siderophore sind chemisch unterschiedliche Moleküle (<1 kDa), die mit hoher Bindungskonstante Fe^{III}-Ionen komplexieren können. Die Siderophore können nach chemischen Gruppen eingeteilt werden: Hydroxamate (z.B. Aerobactin), Katecholate (z.B. Enterobactin) und andere heterozyklische Verbindungen (z.B. Pyochelin, Yersiniabactin). Die Fe^{III}-beladenen Siderophore binden an spezifische Rezeptoren der äußeren Bakterienmembran und werden dann in mehreren Schritten in das Zytoplasma transportiert, wo Fe^{II} der Zelle zur Verfügung gestellt wird. Viele Bakterien synthetisieren selbst nur ein artspezifisches Siderophor, aber zahlreiche zusätzliche Transportsysteme, um fremde Siderophore aufzunehmen ("Siderophor-Schmarotzer").

Seit einigen Jahren ist bekannt, daß Siderophore nicht nur als Fe^{III}-Transporter fungieren, sondern auch über eine Liganden-Rezeptor-Reaktion ein Signal über die Siderophor-Konzentration in der mikrobiellen Umgebung in das Innere der Zelle vermitteln. Darüber hinaus können Siderophore auch eine Wirkung auf Säugetierzellen haben. Das Siderophor von *Pseudomonas aeruginosa*, Pyochelin, kann die Sauerstoffradikalbildung fördern, wogegen Desferrioxamin B (Desferal®) die Proliferation und IL-2 Produktion von T-Lymphozyten und die TNF-α- und IL-6-Produktion von Makrophagen supprimiert. Diese letzteren Funktionen der Siderophore können das Überleben der Bakterien begünstigen und so indirekt zur Erregerpathogenität beitragen.

Summary

Under aerobic conditions, iron ions are predominantly found as Fe^{III} complexes, which aren't easily dissoluble. Micro-organisms need high-affinity Fe^{III} transport systems to take up the essential iron. Typical iron supply systems consist of three elements: 1. siderophore biosysnthesis, 2. siderophore transport, 3. Fe^{III} sensor.

Bacterial siderophores are chemically different molecules (<1 kDa) and act as high-affinity Fe^{III}-complexing agents. They split into hydroxamates (e.g. aerobactin), catecholates (e.g. enterobactin), and other heterocyclic compounds (e.g. pyochelin, yersiniabactin). Siderophores loaded with Fe^{III} bind to specific receptors in the outer bacterial membrane and are subsequently transported into the cytoplasma by using several steps, in order to provide Fe^{II} to the cell. Many bacterial strains syntheticize only one specific siderophore, but in addition use numerous transport systems to take up siderophores from other species ("siderophore scroungers").

Siderophores not only function as Fe^{III} transporters, but also via ligand-receptor interactions pass on information into the cell about the siderophore concentration in the microbial environment. Moreover, they may also have an effect on mammalian cells.

The siderophore of *Pseudomonas aeruginosa*, pyochelin, can increase formation of oxygen radicals, whereas desferrioxamine (Desferal®) suppresses proliferation and IL-2 production in T-lymphocytes as well as TNF-α and IL-6 production in macrophages. These siderophore functions support bacterial survival and may thus contribute to their pathogenicity.

Einführung

Unter anaeroben Bedingungen liegt Eisen als Fe^{II} vor. Dieses ist löslich und kann von Bakterien sehr gut aufgenommen werden. Unter aeroben Bedingungen dagegen kommen Eisenionen überwiegend als im wässrigen Milieu schwer lösliche dreiwertige Fe^{III}-Komplexe vor. Mikroorganismen können sich unter solchen Bedingungen nur mit dem lebensnotwendigen Eisen versorgen, wenn sie hochaffine Fe^{III}-Transportsysteme besitzen (1, 2).

Zu den natürlichen Abwehrmechanismen höherer Organismen gehört die Fe^{III}-Sequestrierung auf den Schleimhäuten und im Gewebe. Pathogene Bakterien, die in den Makroorganismus eindringen, finden dort eine niedrige Eisenkonzentration vor, hervorgerufen durch die Bindung des Eisens an Transferrin oder Lactoferrin (Dissoziationskonstante ~ 10^{-24}). Diese Proteine haben eine enorm hohe Affinität zu Eisen, und die Bakterien müssen mit ihnen kompetieren, indem sie eisenbindende Substanzen, die sog. Siderophore produzieren. Andere Bakterien produzieren keine solchen Eisenkomplexone, können aber die Eisenkomplexone anderer Mikroorganismen aufnehmen und so ihre Eisenversorgung sicherstellen. Für Theodor Escherich waren mikrobielle Eisenversorgungssysteme noch kein Thema, die Siderophore waren noch nicht entdeckt. Heute dagegen zeichnet sich immer deutlicher ab, daß bakterielle Siderophore auf vielfältige Weise zur Pathogenität der Krankheitserreger beitragen (3, 4, 5).

Aufbau der Siderophor-Versorgungssysteme

Die Eisenversorgungssysteme bestehen aus drei Einheiten: der Siderophor-Biosynthese, dem Siderophor-Transport und dem Fe^{III}-Sensor. Bakterien und auch Pilze können Siderophore produzieren. Sie gehören chemisch unterschiedlichen Substanzgruppen an mit einem Molekulargewicht von < 1 kDa und mit hoher Bindungskonstante für Fe^{III}-Ionen (10^{20}–10^{50}). Die meisten Siderophore von gramnegativen Stäbchenbakterien gehören zur Gruppe der Katecholate oder der Hydroxamate. Zudem gibt es Mischsubstanzen. Enterobactin, das von *Escherichia coli* und Salmonellen produziert wird, ist ein Katecholat. Ein Siderophor aus der Hydroxamat-Gruppe, das Aerobactin, wird von Sepsis-*E.-coli*, aber auch von Darm-*E.-coli*, Salmonellen und Shigellen produziert. Von Pilzen und einigen Bakterien werden Ferrichrom und Ferrioxamin (Hydroxamatgruppe) produziert.

Siderophore können auch heterozyklisch aufgebaut sein, wobei auch Peptide in die eisenkomplexierenden Substanzen eingebaut werden. Durch diese Peptide wird eine gewisse Spezifität erreicht, die bewirkt, daß nur der Produzent selbst dieses Eisenkomplexon verwenden kann. Die Pyoverdine von Pseudomonaden stellen solch eine Siderophor-Gruppe dar. Zu einer weiteren heterozyklischen Verbindungsgruppe gehören die strukturverwandten Siderophore Pyochelin von Pseudomonaden und Yersiniabactin von pathogenen Yersinien (incl. den Pesterregern) (6).

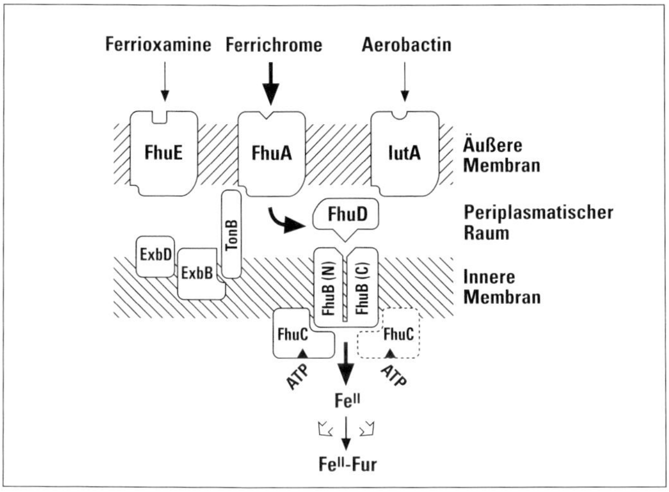

Abb. 1:
Fe^{III}-Hydroxamat-Transport (modifiziert nach Braun und Hantke, 1991)

Genetische Untersuchungen haben ergeben, daß bestimmte Yersinien- und *E.-coli*-Stämme (enteroaggregative und Sepsis-*E.-coli*) eine sogenannte Pathogenitätsinsel besitzen, die die Yersiniabactin-Synthese und den Yersiniabactin-Rezeptor determinieren (6, 7, 8). Europäische *Yersinia enterocolitica*, Salmonellen, Shigellen und enterohämorrhagische *E. coli* weisen diese Pathogenitätsinsel dagegen nicht auf (7).

Regulation der Siderophor-Produktion

Um die Siderophor-Produktion dem Bedarf anpassen zu können, verfügen Bakterien über ein System, das die Eisenkonzentration in der Umgebung messen kann (3, 4). Die Fe^{III}-beladenen Siderophore binden an spezifische Rezeptoren der äußeren Bakterienmembran und werden dann in mehreren Schritten in das Zytoplasma transportiert, wo nach Reduktion Fe^{II} der Zelle zur Verfügung gestellt wird (Abb. 1). Im Zytoplasma beeinflußt die freie Fe^{II}-Konzentration die Expression von bestimmten Genen (Eisenaufnahmedeterminante, Virulenzgene u.a.). Enthält die Zelle ausreichend Eisen, bindet Fe^{II} an das Repressor-Protein Fur. Alle eisenabhängigen Gene haben eine Operator-Sequenz, die Fe^{II}-Fur bindet, wobei die Genexpression reprimiert wird (negative Rückkopplung). Wenn der Fe-Bedarf der Bakterienzelle gesättigt ist, werden so die Eisenversorgungsdeterminanten abgeschaltet. Die verschiedenen Siderophore werden nach einer Hierarchie produziert, damit das bestgeeignete zuerst gebildet wird. Reguliert wird diese hierarchische Genexpression über eine subtile Signaltransduktionskette, wobei das jeweilige Siderophor von außen als Agonist wirkt. Bei *Escherichia coli* und Pseudomonaden konnte am Ende dieser Kaskade ein alternativer Sigmafaktor als Regulatorprotein nachgewiesen werden. In einem zweiten Mechanismus, der auch bei *Pseudomonas* verwirklicht ist, reagiert ein Regulatorprotein wahrscheinlich mit dem Siderophor und aktiviert so die entsprechenden Gene (4).

Die eisenabhängige Regulation von Siderophor-Systemen erstreckt sich auch auf Virulenzfaktoren (5). Das bekannteste Beispiel ist das Diphtherie-Toxin. *Corynebacterium diphtheriae* produziert dann Diphtherie-Toxin, wenn kein Eisen in der Umgebung ist (z. B. auf der Rachenschleimhaut). Es gibt viele andere Virulenzfaktoren, die ebenso reguliert werden (z. B. Shiga-Toxin).

Aufnahme von Fremdsiderophoren

Viele Bakterien synthetisieren selbst nur ein artspezifisches Siderophor, aber zahlreiche zusätzliche Siderophor-Transportsysteme, um fremde Siderophore aufzunehmen ("Siderophor-Schmarotzer"). In der äußeren Membran gramnegativer Bakterien ist eine Vielzahl von Rezeptoren für verschiedene Siderophore enthalten. Yersinien z.B. produzieren selbst nur Yersiniabactin und schmarotzen darüber hinaus Siderophore von anderen (8). Ein spezifisches Siderophor-Sensorsystem ermöglicht über differentielle Genregulation die optimale Ausnutzung der Aufnahme von Fremdsiderophoren. Bakterien können sich gegen solche "Siderophor-Schmarotzer" schützen durch Sekretion von Bakteriozinen, die an die Siderophor-Rezeptoren des jeweiligen "Schmarotzers" binden und ihn abtöten (z. B. bindet Pestizin an den Yersiniabactin-Rezeptor) (8, 9).

Weitere Funktionen von Siderophoren

Siderophore haben neben der Eisenversorgung von Bakterien noch weitere Funktionen. Seit einigen Jahren ist bekannt, daß Siderophore nicht nur als Fe^{III}-Transporter fungieren, sondern auch über eine Liganden-Rezeptor-Reaktion ein Signal über die Siderophor-Konzentration in der mikrobiellen Umgebung in das Innere der Zelle vermitteln.

Darüber hinaus können Siderophore auch eine Wirkung auf Säugetierzellen und dabei besonders auf die Immunantwort haben. Solch ein Effekt konnte im Yersinia-Mausinfektionsmodell durch Gabe verschiedener Desferrioxamine gezeigt werden. Mäuse wurden mit europäischen Yersinien infiziert. Eine Gruppe wurde mit Desferrioxamin B (kationisch) behandelt, eine andere Gruppe mit Desferrioxamin G (neutral, Betain) (10). Beide Desferrioxamine werden von Yersinien gleich gut aufgenommen. Bei den Mäusen, die mit Desferrioxamin B behandelt wurden, genügte eine sehr niedrige Dosis von Yersinien, um die Maus zu töten. Dagegen hatte Desferrioxamin G keine Wirkung auf die Letalität oder auf die Pathogenität, obwohl die Eisenversorgung der Yersinien durch beide Desferrioxamine identisch ist (Tab. 1). Die Eisenversorgung allein scheint also in diesem Fall die Pathogenität nicht zu beeinflussen. Es konnte nachgewiesen werden, daß geringste Mengen von Desferrioxamin B genügen, um die T-Zell-Proliferation zu hemmen (11). Mit Desferrioxamin B behandelte Makrophagen können nach Stimulierung kein oder nur wenig IL-6 produzieren. Darüber hinaus führt Desferrioxamin B zu einer starken Suppression von TNF-α (12).

Diese Untersuchungen zeigen, daß Siderophore auch die Immunabwehr schwächen können. Dadurch können Siderophore das Überleben der Bakterien begünstigen und so indirekt zur Erregerpathogenität beitragen. Siderophore haben also hinsichtlich dieser Pathogenitätsmechanismen wenigstens zwei Funktionen: sie versorgen das Bakterium mit Eisen und stimulieren so das Wachstum der Bakterien, und sie hemmen die Immunantwort auf T-Zell-, B-Zell- und Makrophagen-Ebene (Abb. 2). Zusätzlich können Siderophor-Rezeptoren eine Doppelrolle spielen. Zum einen vermitteln sie die Aufnahme von Siderophoren, zum anderen nutzen andere Bakterien und Viren solche Siderophor-Rezeptoren auch als Bakteriozin- oder Phagen-Rezeptoren. Auch hier haben wir es also mit mikroökologischen Vorgängen zu tun (8, 9).

Table 2: Median lethal dose (LD_{50}) of *Y. enterocolitica* strains in C57BL/6 and BALB/c mice modulated by desferrioxamine B and G[a]

Mouse strain	Median lethal dose (LD_{50})					
	Y-108 (O:3)			WA-314 (O:8)		
	PBS	DFOB	DFOG	PBS	DFOB	DFOG
BALB/c	5×10^6	5×10^3	5×10^6	7×10^2	7×10^1	7×10^2
C57BL/6	5×10^7	5×10^2	5×10^7	2×10^4	3×10^2	2×10^4

[a] One day prior to the infection with *Y. enterocolitica* strain Y-108 (serotype O:3) or WA-314 (serotype O:8) mice were injected intraperitoneally with 5 mg of desferrioxamine B (DFOB) or G (DFOG). Control mice were injected with PBS buffer. The median lethal dose (LD_{50}) was determined by the method of Reed and Munch.

Tab. 1: Mausinfektionsmodell: LD50 von *Yersinia enterocolitica* nach Vorbehandlung mit Desferrioxamin B bzw. G

Mikrobielle Siderophore in der Medizin

Siderophore binden nicht nur Fe^{III}-Ionen mit hoher Affinität, sondern auch andere dreiwertige Kationen, wie z. B. Al^{III}. Bei bestimmten hämatologischen Erkrankungen (z. B. hämolytischen Anämien) kann es zu Eisenspeicherkrankheiten (z. B. Hämosiderose der Leber) kommen. Bei Dialysepatienten können die von der Dialysemembran freiwerdenden Aluminiumionen pathologische Konzentrationen erreichen. Diese Patientengruppen werden zur Entsorgung der überschüssigen Fe^{III}- oder Al^{III}-Ionen mit Desferrioxamin B (Desferal®) behandelt (Ausscheidung über die Niere). Patienten, die so behandelt werden, gehen ein besonderes Infektionsrisiko ein. Bestimmte Pilzarten, aber auch *Yersinia enterocolitica* können Desferrioxamin B für ihre Eisenversorgung nutzen und können unter diesen Bedingungen zu Sepsis-Erregern werden bzw. systemische Infektionen verursachen (1, 13).

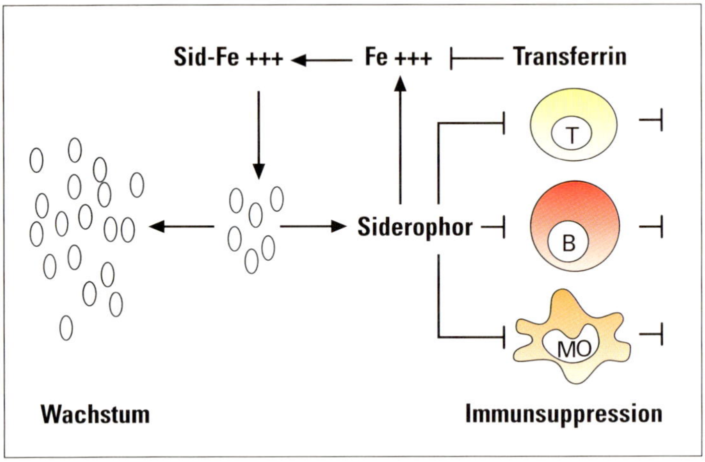

Abb. 2:
Die duale Rolle
von Siderophoren

Resümee

Bakterien haben eine hohe Vielfalt von Eisenaufnahmesystemen entwickelt. Sie haben häufig mehr Eisenaufnahmesysteme als sie Siderophore produzieren. Sie verwerten eigene und fremde Siderophore. Die Siderophor-Produktion und Eisenaufnahmesysteme sind durch komplizierte Prozesse hierarchisch geregelt.

Bakterien haben Siderophor-Rezeptoren in der äußeren Membran, die sehr unterschiedliche Funktionen haben. Neben der Siderophor-Aufnahme fungieren sie auch als Eisensensoren, die ein Signal ins Zellinnere geben. Zusätzlich können diese Membranproteine Bakteriozin- oder Phagen-Rezeptoren sein. Über die Eisenkomplexierung, die Schädigung des Immunsystems und die Signaltransduktion hinaus haben Siderophore wahrscheinlich noch zahlreiche andere Funktionen, die für die Pathogenese von Bedeutung sind. Auf diesem Gebiet ist noch intensive Forschung erforderlich.

Prof. Dr. Dr. J. Heesemann

Max-von-Pettenkofer-Institut für
Hygiene und Medizinische Mikrobiologie
der LM-Universität München
Lehrstuhl für Bakteriologie
Pettenkoferstraße 9a
D-80336 München

Literatur

1. Griffiths, E. Iron and infection: better understanding at the molecular level but little progress on the clinical front. Med. Microbiol. (1993) 38: 389-90
2. Martinez, J.L., Delgado-Iribarren, A., Baquero, F. Mechanisms of iron acquisition and bacterial virulence. FEMS Microbiol. Reviews (1990) 75: 45-56
3. Braun, V. Surface signaling: novel transcription initiation mechanism starting from the cell surface. Arch. Microbiol. (1997) 167: 325-31
4. Crosa, J.H. Signal transduction and transcriptional and posttranscriptional control of iron-regulated genes in bacteria. Microbiol. Molec. Reviews (1997) 61: 319-36
5. Litwin, C.M., Calderwood, S.B. Role of iron in regulation of virulence genes. Clin. Microbiol. Reviews (1993) 6: 137-49
6. Pelludat, C., Rakin, A., Jacobi, C.A., Schubert, S., Heesemann, J. The Yersiniabactin biosynthetic gene cluster of *Yersinia enterocolitica*: organization and siderophore-dependent regulation. J. Bact. (1998) 180: 538-46
7. Schubert, S., Rakin, A., Karch, H., Carniel, E., Heesemann, J. Prevalence of the "High-Pathogenicity Island" of Yersinia species among *Escherichia coli* strains that are pathogenic to humans. Infect. Immun. (1998) 66: 480-85
8. Rakin, A., Saken, E., Harmsen, D., Heesemann J. The pesticin receptor of *Yersinia enterocolitica*: a novel virulence factor with dual function. Mol. Microbiol. (1994) 13: 253-63
9. Rakin, A., Boolgakowa, E., Heesemann J. Structural and functional organization of the *Yersinia pestis* bacteriocin pesticin gene cluster. Microbiology (1996) 142: 3415-24
10. Autenrieth, I., Reissbrodt, R., Saken, E., Berner, R., Vogel, U., Rabsch, W., Heesemann, J. Desferrioxamine-promoted virulence of *Yersinia enterocolitica* in mice depends on both desferrioxamine type and mouse strain. J. Infect. Dis. (1994) 169: 562-67
11. Autenrieth, I., Hantke, K., Heesemann, J. Immunosuppression of the host and delivery of iron to the pathogen: a posssible dual role of siderophores in the pathogenesis of microbial infections? Med. Microbiol. Immunol. (1991) 180: 135-41
12. Autenrieth, I., Bohn, E., Ewald, J.H., Heesemann, J. Deferoxamine B but not Deferoxamine G1 inhibits cytokine production in murine bone marrow macrophages. J. Inf. Dis. (1995) 172: 490-96
13. Bullen, J.J. The significance of iron in infection. Reviews Infectious Diseases (1981) 3: 1127-38

Biologische Grundlagen II:
Zelluläre Strukturen und molekulare Genetik

Vorsitzende:

Prof. Dr. H. Bernhardt

Prof. Dr. J. Bockemühl

Proteinexportmechanismen von *Escherichia coli*
I. Gentschev (Würzburg)

Struktur und pathophysiologische Wirkung des Endotoxins
A.-J. Ulmer (Borstel)

Adhäsionsfaktoren von pathogenen und apathogenen *Escherichia-coli*-Stämmen
J. Hacker (Würzburg)

Escherichia coli als Werkzeug in der Molekularbiologie und Gentechnik
M. Kröger (Gießen)

Genomstruktur und molekulare Nachweismethoden
G. Blum-Oehler (Würzburg)

Dr. I. Gentschev

Proteinexportmechanismen von *Escherichia coli*

von I. Gentschev

Zusammenfassung

Das gramnegative *Escherichia-coli*-Bakterium verfügt über mehrere Proteinexportmechanismen, die die Sekretion eines Proteins über beide Membranen in die Umgebung der Bakterienzelle ermöglichen. Diese Sekretionswege werden als TypI-, TypII-, und TypIII-Sekretionssysteme bezeichnet. Während das TypII-Sekretionssystem von den allgemeinen sekretorischen Proteinen (Sec) abhängig ist, scheinen die TypI- und TypIII-Sekretionssysteme Sec-unabhängig zu sein.

Einer der am längsten bekannten Proteinsekretionswege wird vom α-Hämolysin, einem porenbildenden Zytolysin von *E. coli*, benutzt. Der α-Hämolysin-Transportapparat stellt den Prototyp des TypI-Sekretionssystems von gramnegativen Bakterien dar. Er besteht aus zwei *hly*-spezifischen Membranproteinen, HlyB und HlyD, sowie einem weiteren Protein der äußeren Membran (TolC), die zusammen eine Transportpore für α-Hämolysin bilden. Nach einem ähnlichen Sekretionsmechanismus wird interessanterweise noch ein weiteres Protein aus *E. coli*, Colicin V, sezerniert.

Zur Zeit werden immer neue Proteine bekannt, die in *E. coli* durch TypII- oder TypIII-Sekretionssysteme aus der Bakterienzelle geschleust werden. Die meisten davon werden von EPEC (enteropathogenen *E. coli*) oder EHEC (enterohämorrhagischen *E. coli*) produziert und stellen wichtige Virulenzfaktoren dieser Bakterien dar.

Die Kenntnisse über Proteinexportmechanismen von pathogenen *E.-coli*-Bakterien bilden eine wichtige Grundlage für die Entwicklung neuer Strategien bei deren Bekämpfung. Gleichzeitig bieten diese Sekretionssysteme bereits interessante Möglichkeiten auch für praktische Anwendungen.

Summary

The gram-negative bacterium *Escherichia coli* has several protein export mechanisms, which allow for a protein to be secreted across both membranes into the surroundings of the bacterial cell. These secretion pathways are called type I, type II, and type III secretion systems. While type II secretion systems depend on general secretory proteins (Sec), type I and type III secretion systems seem to be independent of Sec.

One of the first protein secretion pathways to be discovered is used by α-haemolysin, a pore-forming cytolysin of *E. coli*. The α-haemolysin transport mechanism represents the prototype of a type I secretion system of gram-negative bacteria. It consists of two *hly*-specific membrane proteins, HlyB and HlyD, and one other protein which is part of the outer membrane (TolC). Together, they form a pore to transport α-haemolysin. Interestingly, a similar mechanism is used to secrete colicine V, another *E. coli* protein.

Many new proteins in *E. coli*, which are secreted via type II or type III pathways, have been discovered lately. Most of them are produced by EPEC (enteropathogenic *E. coli*) or EHEC (enterohaemorrhagic *E. coli*) and represent important virulence factors of these strains.

Knowledge of protein export mechanisms in pathogenic bacteria is a basic requirement for the development of new strategies to control them. In addition, these secretion systems offer interesting opportunities for practical use.

Einführung

Das gramnegative *Escherichia-coli*-Bakterium verfügt über mehrere Proteinexportmechanismen, welche die Sekretion eines Proteins über beide Membranen in die Umgebung der Bakterienzelle ermöglichen. Diese Sekretionswege werden als TypI-, TypII- und TypIII-Sekretionssysteme bezeichnet (1) (Abb. 1). Während das TypII-Sekretionssystem von den allgemeinen sekretorischen Proteinen (Sec) abhängig ist, scheinen die TypI- und TypIII-Sekretionssysteme Sec-unabhängig zu sein. Bei *E. coli* sind mittlerweile alle drei Sekretionssysteme nachgewiesen worden.

TypI-Sekretion

Einer der am längsten bekannten Proteinsekretionswege wird vom α-Hämolysin, einem porenbildenden Zytolysin von *E. coli*, benutzt. Der α-Hämolysin-Transportapparat stellt den Prototyp des TypI-Sekretionssystems in gramnegativen Bakterien dar und ist besonders gut untersucht. Nach einem ähnlichen Sekretionsmechanismus werden verschiedene Vertreter der RTX-Toxine (repeats in toxin), mehrere Proteasen von *Serratia marcescens* und *Pseudomonas aeruginosa* sowie ein weiteres Protein aus *E. coli*, Colicin V, sezerniert.

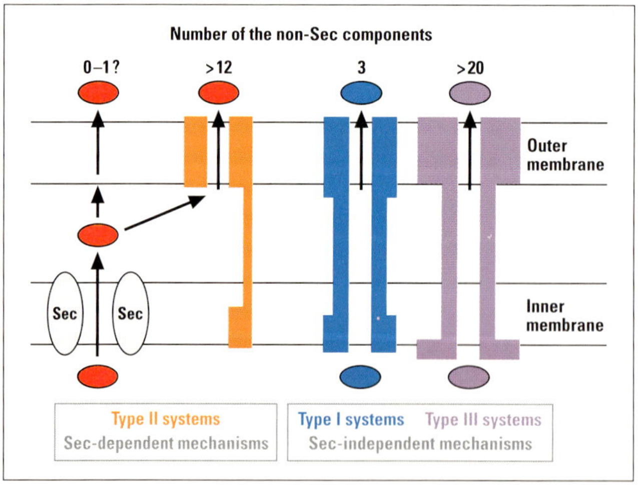

Abb. 1: Proteinexportmechanismen von gramnegativen Bakterien

Mittlerweile gibt es ein topologisches Modell dafür, wie die Sekretion von α-Hämolysin erfolgt (2) (Abb.2). Das *E.-coli*-α-Hämolysin-Sekretionssystem besteht aus zwei *hly*-spezifischen Membranproteinen, HlyB und HlyD, sowie einem weiteren Protein der äußeren Membran (TolC), die zusammen eine Transportpore für α-Hämolysin bilden (3, 4).

HlyB, dessen N-Terminus-Hälfte über acht Transmembrandomänen in der Zytoplasmamembran verankert ist, spielt die Schlüsselrolle bei der Erkennung des Sekretionssignals von HlyA. Das HlyB-Protein liefert auch Energie für die Translokation von

HlyA, indem es an seiner C-terminalen, zytoplasmatischen Domäne ATP bindet und anschließend hydrolysiert. HlyB gehört zur großen Familie der "ATP-Binding-Cassette"- oder kurz ABC-Transporter (5).

HlyD besitzt nur eine einzige Transmembrandomäne und scheint eine Brücke zwischen der Zytoplasmamembran und der äußeren Membran zu bilden. Es wird deshalb der Familie der "Membranverbindenden Proteine" (engl.: membrane fusion proteins, MFP) zugeordnet (6).

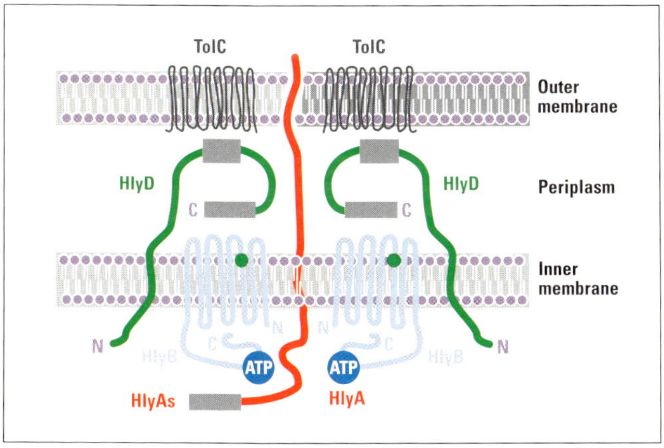

Abb. 2:
Modell der
α-Hämolysin-Sekretion

Innerhalb dieses Proteins gibt es zwei sehr interessante Domänen (7). Das C-terminale Ende von HlyD tritt höchstwahrscheinlich mit HlyB in Interaktion. Im mittleren periplasmatischen Teil von HlyD liegt eine TolC-homologe Domäne, für die sich eine β-Faltblatt-Struktur postulieren läßt. Solche Strukturen sind notwendig für Wechselwirkungen mit der äußeren Membran. Ergebnisse aus Bilayer-Experimenten sprechen dafür, daß es beim Auftreten von HlyD in der äußeren Membran zu Wechselwirkungen mit TolC kommt (2).

Kristallographische Analysen und Untersuchungen an künstlichen Lipidmembranen zeigen, daß TolC ein Porin ist (8, 9). Die TolC-Pore könnte demnach den Durchtritt des α-Hämolysins durch die äußere Membran ermöglichen. Mit Hilfe des Transportapparats gelangt das α-Hämolysin in einem einzigen Schritt über die Zytoplasmamembran und die äußere Membran der *E.-coli*-Zelle in den Kulturüberstand, ohne sich zuerst im periplasmatischen Raum anzusammeln. Dieser Transportprozeß ist unabhängig von den allgemeinen Sec-Proteinen von *E. coli*. Das Transportsignal von HlyA ($HlyA_S$) befindet sich innerhalb der C-terminalen 50 bis 60 Aminosäurereste; es dient nicht als klassische Signalsequenz und wird beim Hämolysintransport auch nicht vom HlyA-Protein abgespalten. Das eigentliche Signal innerhalb dieser Sequenz ist noch nicht aufgeklärt. Einige der Aminosäuren sind unentbehrlich für die Sekretionsfunktion. Eventuell könnte eine amphipatische helikale Domäne das eigentliche Signal darstellen.

TypII-Sekretion

Während es bis vor kurzem kaum Beispiele für TypII- oder TypIII-Sekretion in *E. coli* gab, werden zur Zeit neue Proteine bekannt, die durch diese Sekretionswege aus der Bakterienzelle geschleust werden. Die meisten davon werden von EPEC (enteropathogenen *E. coli*) oder EHEC (enterohämorrhagischen *E. coli*) produziert und stellen wichtige Virulenzfaktoren dieser Bakterien dar. Die Proteine, die durch das TypII-Sekretionssystem sezerniert werden, lassen sich in zwei Subtypen einteilen.

Ein Subtyp umfaßt die Gruppe der Autotransporter. Dazu gehören Proteasen wie zum Beispiel das EspC-Protein von EPEC oder dessen Analogon, das EspP-Protein von EHEC. Die Sekretion erfolgt in zwei Schritten. Im ersten Schritt werden diese Proteine über eine klassische N-terminale Signalsequenz von den Sec-Proteinen erkannt und durch die zytoplasmatische Membran transportiert. Dabei wird die Signalsequenz abgespalten. Der zweite Schritt, die Translokation über die äußere Membran, erfolgt mit Hilfe einer C-terminalen Domäne des Proteins.

Diese Domäne besitzt in der Regel 14–15 amphipatische β-Faltblatt-Strukturen, die eine Pore in der äußeren Membran ausbilden können. Das "reife" Protein gelangt anschließend durch diese Pore in das Medium, wobei die C-terminale Domäne autoproteolytisch abgespalten wird. Dieser Sekretionsablauf ist seit langem für die IgA_1-Protease von *Neisseria gonorrhoeae* bekannt und mechanistisch gut untersucht (10).

Es gibt eine zweite Subgruppe von Proteinen, die über TypII-Sekretionssysteme transportiert werden. Bei *E. coli* kennt man aber bis jetzt kein Protein, das tatsächlich über dieses System transportiert wird. Allerdings sind mehrere funktionsfähige TypII-Sekretionskomponenten identifiziert worden.

TypIII-Sekretion

Anders als bei der TypII-Sekretion verläuft der Proteinexport beim TypIII-System Sec-unabhängig. Die TypIII-Sekretionssignale sind am N-Terminus des Proteins lokalisiert und umfassen in der Regel die ersten 20–25 Aminosäuren. Strukturell gesehen besitzen diese Signalsequenzen große Ähnlichkeiten mit denen vom TypII, werden aber im Verlauf der Sekretion nicht abgespalten. Die TypIII-Sekretion erfolgt über beide Membranen, ohne periplasmatische Intermediate (Ein-Schritt-Mechanismus).

Dafür sind Sekretionsapparate verantwortlich, die aus mindestens 12, in der Regel aber aus mehr als 20 Proteinkomponenten bestehen (11).

Interessanterweise sind die Gene für ein TypIII-Sekretionssystem entweder auf großen Plasmiden, wie z.B. bei *Yersinia* spp. und enteroinvasiven *E. coli* (EIEC), oder auf Pathogenitätsinseln, wie z.B. SpiI oder SpiII bei Salmonellen und LEE (locus of enterocyte effacement) bei EPEC, lokalisiert. Diese Gene liegen allerdings nicht in einem Operon, sondern sind in mehreren Transkriptionseinheiten angeordnet.

Mit Hilfe eines TypIII-Sekretionsapparates sezernieren EPEC mindestens drei Proteine (EspA, EspB und EspD). Dieser Sekretionsapparat weist Homologien zu den TypIII-Sekretionssystemen anderer pathogener Bakterien auf, wie z.B. zu den Spa- und Inv-Proteinen von *Salmonella*, den Spa- und Mxi-Proteinen von *Shigella* und den Ler- und Ysc-Proteinen von *Yersinia*, ist aber weniger charakterisiert (11). Die sezernierten EspA-, EspB- und EspD-Proteine greifen dann offenbar in die Signaltransduktionskaskaden der "befallenen" eukaryontischen Zellen ein.

Ausblick

Momentan unterscheidet man bei den gramnegativen Bakterien drei Typen von Sekretionssystemen. Neuerdings wird ein weiteres (viertes) Sekretionssystem von Makromolekülen diskutiert, das am konjugativen Transfer von Plasmiden, am T-DNA-Transfer von *Agrobacterium tumefaciens* und der Sekretion des *Bordetella-pertussis*-Toxins beteiligt ist.

Allerdings hat sich dieses System als neuer Sekretionstypus in der Literatur noch nicht bestätigt. Die Systeme der Sec-abhängigen und Sec-unabhängigen Sekretion sind vielfältig verknüpft. So erfolgt z.B. die Sekretion von α-Hämolysin Sec-unabhängig, der Transport von TolC in die äußere Membran aber verläuft Sec-abhängig. Die Prozesse müssen also in einem größeren Zusammenhang betrachtet werden. Die Kenntnisse über Proteinexportmechanismen von pathogenen *E.-coli*-Bakterien stellen eine wichtige Grundlage für die Entwicklung neuer Strategien bei deren Bekämpfung dar. Gleichzeitig bieten diese Sekretionssysteme bereits interessante Möglichkeiten auch für praktische Anwendungen.

Dr. I. Gentschev

Institut für Mikrobiologie
Theodor-Boveri-Institut für Biowissenschaften
Universität Würzburg
Am Hubland
D-97074 Würzburg

Literatur

1. Salmond, G.P. Pili, peptidases and protein secretion: curious connections. Trends Microbiol. (1996) 4: 474-76
2. Schlör, S., Schmidt, A., Maier, E., Benz, R., Goebel, W., Gentschev, I. In vivo and in vitro studies on interactions between the components of the haemolysin (HlyA) secretion machinery of *Escherichia coli*. Mol. Gen. Genet. (1997) 256: 306-20
3. Wagner, W., Vogel, M., Goebel, W. Transport of haemolysin across the outer membrane of *Escherichia coli* requires two functions. J. Bacteriol. (1983) 154: 200-10
4. Wandersman, C., Delepelaire, P. TolC, an *Escherichia coli* outer membrane protein required for haemolysin secretion. Proc. Natl. Acad. Sci. USA (1990) 87: 4746-80
5. Blight, M.A., Holland, I.B. Structure and function of haemolysin B, P-glycoprotein and other members of a novel family of membrane translocators. Mol. Microbiol. (1990) 4: 873-80
6. Dinh, T., Paulsen, I.T., Saier Jr., M.H. A family of extracytoplasmatic proteins that allow transport of large molecules across the outer membranes of gram-negative bacteria. J. Bacteriol. (1994) 176: 3825-31
7. Schülein, R., Gentschev, I., Schlör, S., Gross, R., Goebel, W. Identification and characterization of two functional domains of the haemolysin translocator protein HlyD. Mol. Gen. Genet. (1994) 245: 203-11
8. Benz, R., Maier, E., Gentschev, I. TolC of *Escherichia coli* functions as an outer membrane channel. Zentralbl. Bakteriol. (1993) 278: 187-96
9. Koronakis, V., Li, J., Koronakis, E., Stauffer, K. Structure of TolC, outer membrane component of the bacterial type I efflux system, derived from two dimensional crystals. Mol. Microbiol. (1997) 23: 617-26
10. Pohlner, J., Halter, R., Beyreuther, K., Meyer, T.F. Gene structure and extracellular secretion of *Neisseria gonorhoeae* IgA protease. Nature (1987) 325: 458-62
11. Lee, C.A. Type III secretion systems: machines to deliver bacterial proteins into eukaryotic cells? Trends Microbiol. (1997) 5: 148-56

Prof. Dr. A.J. Ulmer

Struktur und pathophysiologische Wirkung des Endotoxins

von A. J. Ulmer, H.-D. Flad und E. T. Rietschel

Zusammenfassung

Das Krankheitsbild der Sepsis, gekennzeichnet durch Symptome wie Fieber, Blutdruckabfall und Verbrauchskoagulopathie, kann zu Multiorganversagen und letztlich zum Tode führen. Einen wesentlichen Anteil an der Induktion der pathophysiologischen Reaktionen im Laufe einer gramnegativen Sepsis hat das Endotoxin, das die äußere Hülle der gramnegativen Bakterien bildet.

Bei dem Endotoxin handelt es sich in chemischer Hinsicht um ein Lipopolysaccharid (LPS), das aus zwei wesentlichen Elementen, dem Heteropolysaccharidanteil und dem sogenannten Lipoid A besteht. Lipoid A ist die biologisch aktive Komponente des LPS. Jede Veränderung der Struktur von Lipoid A führt zu einem teilweisen oder sogar vollständigen Verlust der biologischen Aktivität. Synthetische Verbindungen, die gut an humane Monozyten binden, diese aber nicht mehr aktivieren können, sind daher gute LPS-Antagonisten.

Die Effekte des Lipopolysaccharids werden über Zielzellen vermittelt. Monozyten/Makrophagen setzen nach ihrer Aktivierung durch LPS verschiedenste inflammatorische Botenstoffe frei (u.a. Zytokine, Prostaglandine, Leukotriene, Thromboxane, Stickstoffmonoxid und Sauerstoffradikale).

Mit moderaten LPS-Konzentrationen kommt der Organismus insbesondere über die Darmschleimhaut ständig in Kontakt. Hier führt LPS zu einer unspezifischen Aktivierung des Immunsystems, die als eine unerläßliche Grundlage für ein gut funktionierendes Abwehrsystem gilt.

Bei einer schweren Infektion mit massenhafter Freisetzung von LPS aus gramnegativen Bakterien führt die massive Ausschüttung inflammatorischer Botenstoffe zu einer extremen Stimulation von nachgeschalteten Reaktionskaskaden mit den erwähnten pathophysiologischen Veränderungen, die schließlich zum Tode führen können. Dieser Effekt wird durch die Wirkung von Antibiotika noch verstärkt.

Die Interaktion von LPS mit Zytokin-produzierenden Zellen bildet eine Schlüsselstellung für das Verständnis der biologischen Aktivität von LPS.

Summary

The clinical picture of sepsis, characterized by symptoms such as fever, blood pressure drop, and coagulopathy can eventually lead to multi-organ failure and death. Endotoxin, which is part of the outer membrane of gram-negative bacteria, contributes to the pathophysiological reactions which occur during sepsis.

Chemically speaking, endotoxin is a lipopolysaccharide (LPS), consisting of a heteropolysaccharide and the so-called lipoid A. Lipoid A is the biologically active component of LPS. Every change in the structure of lipoid A will lead to a partial or complete loss of biologic activity. Thus, synthetic compounds which are able to bind at human monocytes but cannot activate them are strong LPS antagonists.

The effects of LPS are induced through target cells. On activation by LPS, monocytes/macrophages secrete various inflammatory mediators (cytokines, prostaglandins, leucotriens, thromboxanes, nitric oxide and oxygen radicals).

The organism is permanently confronted with moderate LPS concentrations, particularly via the intestinal mucosa. This leads to unspecific activation of the immune system which is seen as indispensable for the functioning of the immune system.

Generation of inflammatory mediators following the massive release of LPS from gram-negative bacteria in case of a severe infection results in extreme stimulation of the pathophysiological cascades mentioned above, which can eventually lead to death. This effect is increased by antibiotics. Interaction between LPS and cytokine-producing cells is the key to understanding the biological activity of LPS.

Einführung

Der septische Schock, ausgelöst durch eine bakterielle Infektion, stellt auch heute noch ein großes Problem der Intensivmedizin dar. So erkranken in den USA ca. 500.000 Menschen pro Jahr an einer Sepsis, von denen ca. 175.000 sterben. Dabei sind 40 % der Todesfälle auf eine Sepsis durch gramnegative Bakterien zurückzuführen. Die Letalität der Sepsis und des septischen Schocks ist über Jahrzehnte nicht beeinflußt worden.

Das Krankheitsbild der Sepsis äußert sich durch Symptome wie Fieber, Blutdruckabfall, Hyperventilation und Verbrauchskoagulopathie, was zu Multiorganversagen und letztlich zum Tode führen kann. Einen wesentlichen Anteil an der Induktion der pathophysiologischen Reaktionen im Laufe einer gramnegativen Sepsis hat das Endotoxin, das die äußere Hülle der gramnegativen Bakterien bildet. Der Endotoxingehalt im Serum ist von großer Bedeutung für den Krankheitsverlauf, wie Messungen während einer Peritonitis ergeben haben. Der Ausgang der Erkrankung ist stark assoziiert mit dem Endotoxingehalt im Serum. Bei Nicht-Überlebenden findet man viel Endotoxin im Serum, während die Überlebenden nur einen relativ geringen Endotoxingehalt im Serum aufweisen.

Biologische Wirkungen der Endotoxine

Endotoxine, die Lipopolysaccharide sind, erfüllen jedoch auch wichtige biologische Funktionen. Den 2 Millionen Menschen, die jährlich am Endotoxin-vermittelten septischen Schock sterben, steht die gesamte Menschheit gegenüber, die einen Benefit von diesen Lipopolysacchariden (LPS) hat.

Mit moderaten LPS-Konzentrationen kommt der Organismus ständig in Kontakt. Das geschieht insbesondere an den Stellen des Körpers, die von einer Bakterienflora besiedelt sind, wie z. B. der Darm oder die Mundschleimhäute. Jeder Mensch hat ungefähr 1 kg Bakterien im Darm, und damit 10–50 g Endotoxin. 10–50 µg Endotoxin würden allein schon ausreichen, um einen Menschen umzubringen. Es gibt also eine sehr gute Barriere zwischen Darm und Blut.

Das LPS zirkuliert ständig in geringen Mengen im Blutkreislauf und führt mit seiner unspezifischen Aktivierung des Immunsystems zu einer allgemein höheren Resistenz gegen parasitäre, virale und bakterielle Infektionen. Ebenso ist bekannt, daß LPS im Organismus eine Tumor-zerstörende Wirkung auslösen kann. In diesem Zusammenhang wird die Konfrontation des Körpers mit LPS als eine unerläßliche Grundlage für ein gut funktionierendes Abwehrsystem angesehen.

Die lokale Stimulation im Darm steigert die IgA-Produktion, die Zytokin-Induktion und die Aktivierung von mononukleären Zellen, die Mediatoren freisetzen. Im Normalfall wirken diese Mediatoren nicht fatal, sondern ebenfalls immunstimulierend. Lipopolysaccharid induziert keine Toleranz, und es ist hilfreich für eine Immunstimulation in vielen Organen.

Kommt es im Rahmen schwerer Infektionen zu einem massenhaften Auftreten von Bakterien, werden große Mengen an LPS bei der Teilung oder beim Absterben der gramnegativen Bakterien freigesetzt. Dieser Effekt wird durch die Wirkung von Antibiotika noch verstärkt. Auch ist eine Translokation von LPS aus dem Darm in die Blutbahn als Folge eines traumatischen Schocks beschrieben worden. Durch das massive Auftreten von LPS kommt es dann zu einer hohen Ausschüttung von inflammatorischen Botenstoffen. Dies wiederum führt zu einer extremen Stimulation von nachgeschalteten Reaktionskaskaden mit den erwähnten pathophysiologischen Veränderungen, die schließlich zum Tode führen können.

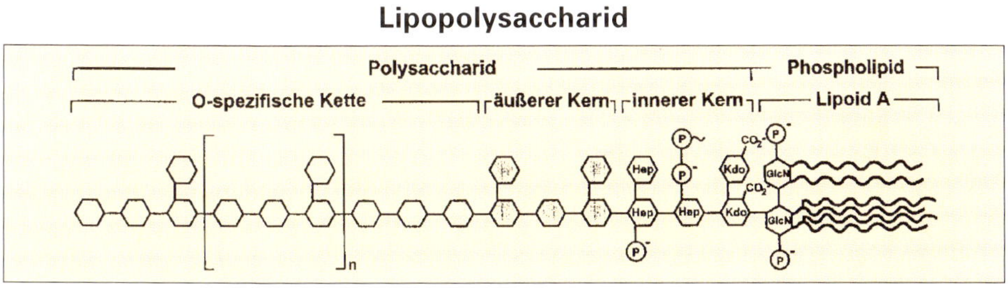

a) Struktur des Lipopolysaccharids

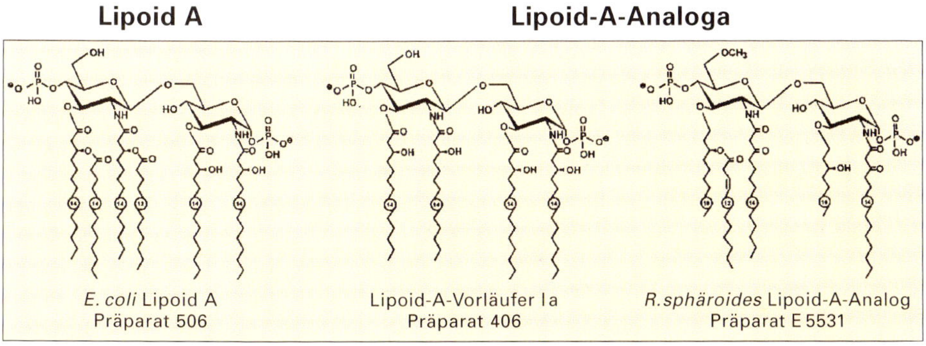

b) Struktur der Komponente Lipoid A sowie der Lipoid-A-Analoga Präparat 406 und E 5531

Abb. 1: Struktur der Endotoxine

Struktur der Endotoxine

In chemischer Hinsicht sind Endotoxine Lipopolysaccharide (LPS). Bei allen bakteriellen Endotoxinen handelt es sich um Varianten des gleichen Moleküls, das aus zwei wesentlichen Elementen, dem Heteropolysaccharidanteil und der Lipidkomponente, dem sogenannten Lipoid A, besteht (Abb. 1a).

Der Heteropolysaccharidanteil setzt sich aus O-spezifischer Seitenkette und dem Oligosaccharid der Kernregion zusammen. Die O-spezifische Seitenkette besteht aus bis zu 50 sich wiederholenden Oligosaccharid-Einheiten, deren Zusammensetzung die serologische Spezifität der einzelnen Bakterienstämme festlegt. Im Gegensatz zu den

Oligosacchariden der O-spezifischen Seitenkette zeichnen sich die Oligosaccharide der Kernregion durch eine geringere Strukturvariabilität zwischen den Bakterienstämmen aus.

Einigen Bakterien fehlt allerdings die O-spezifische Seitenkette. Sie bilden nur das Kern-Oligosaccharid oder sogar nur Teile davon. Die minimale Struktur, die für die Viabilität der Bakterien erforderlich ist, besteht aus dem Lipoid-Teil, an den ein 2-Keto-3-desoxy-D-Manno-Oktansäure-Rest kovalent gebunden ist.

Bei *E. coli* besteht Lipoid A aus einem biphosphorylierten, β-1,6-verknüpften D-Glucosamindisaccharid, an das kovalent sechs Fettsäuren (vier (R)-3-Hydroxyfettsäuren, von denen zwei ihrerseits jeweils einen Azylrest tragen) gebunden sind (Abb. 1b).

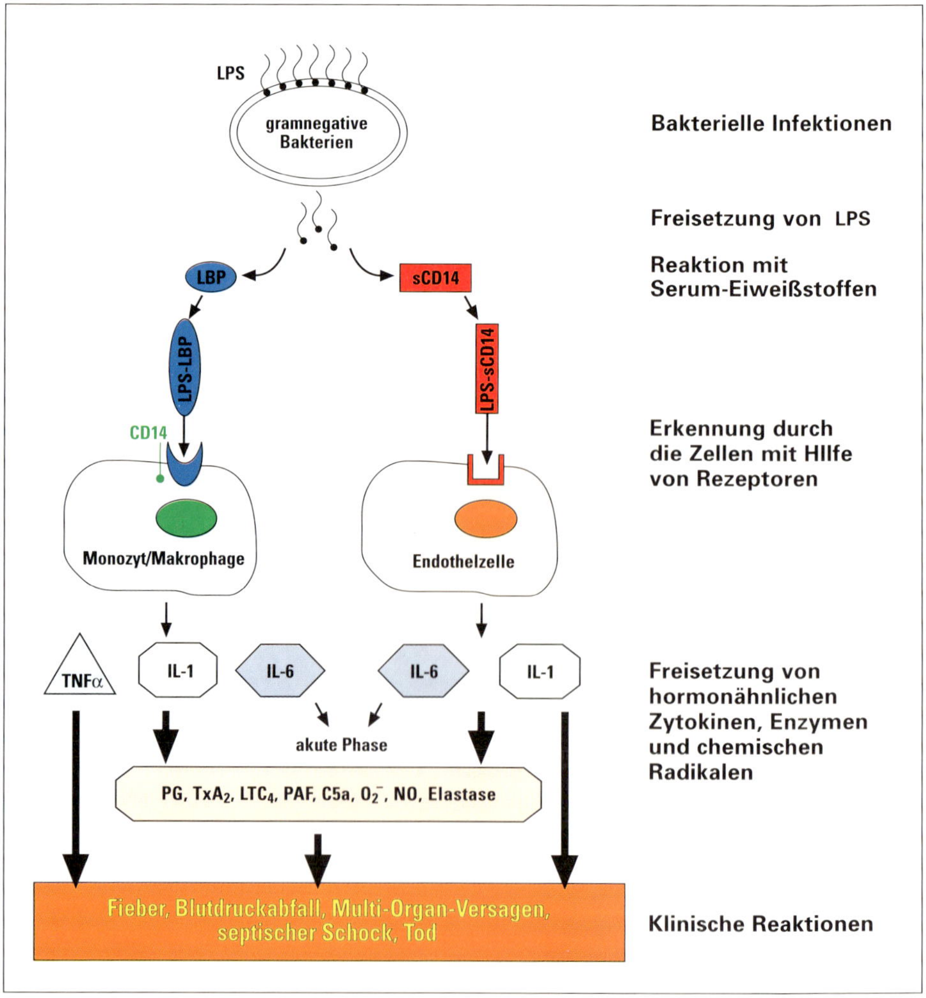

Abb. 2: Wirkungsweise von Endotoxin

Wirkungsweise von Endotoxinen

Mit den Untersuchungen zur molekularen Struktur des Lipopolysaccharids stellte sich auch die Frage nach den molekularen Mechanismen, die für seine Wirkung verantwortlich sind. Durch Studien konnte bewiesen werden, daß Lipoid A die biologisch aktive Komponente des LPS ist. Freies Lipoid A unterscheidet sich bezüglich seiner Fähigkeit, eine endotoxische Reaktion hervorzurufen nur quantitativ, aber nicht qualitativ von vollständigem LPS.

Die biologische Wirksamkeit des Lipopolysaccharids entspricht nicht einer pharmakologischen Toxinwirkung, denn das Lipopolysaccharid ist kein Toxin im pharmakologischen Sinne. Es greift nicht in den Stoffwechsel einer Zelle ein, sondern entfaltet eine indirekte Wirkung. Die Effekte werden nicht durch den direkten Kontakt des LPS-Moleküls mit Effektorzellen verursacht, wie es für viele Exotoxine bekannt ist, sondern werden über Zielzellen vermittelt, die Mediatoren freisetzen. Zu diesen Mediator-produzierenden Effektorzellen gehören Monozyten/Makrophagen, Granulozyten und Endothelzellen.

Die bedeutendste Rolle bei dieser Vermittlung spielen Monozyten/Makrophagen. Sie setzen nach ihrer Aktivierung durch LPS verschiedenste inflammatorische Botenstoffe frei, zu denen neben Zytokinen (u.a. Interleukin-1, Interleukin-6 und Tumor-Nekrose-Faktor α) auch Prostaglandine, Leukotriene, Thromboxane, der Plättchen-aktivierende Faktor sowie Stickstoffmonoxid und Sauerstoffradikale gehören (Abb. 2).

Molekulare Grundlagen der Struktur-Wirkungsbeziehungen

Die Interaktion von LPS mit Zytokin-produzierenden Zellen nimmt eine Schlüsselstellung im Verständnis der biologischen Aktivität von LPS ein. Durch Untersuchungen der biologischen Aktivität von verschiedenen synthetischen Lipoid-A-Teilstrukturen wurden in den letzten Jahren eindeutige Aussagen zu Struktur-Wirkungsbeziehungen möglich.

Jede Veränderung der Struktur von Lipoid A, sei es nun im hydrophilen Teil (Monophosphoryl-/Monosaccharid-Strukturen) oder im hydrophoben Teil (Deletion, Addition oder Dislokation von Fettsäuren), führte zu einem teilweisen oder sogar vollständigen Verlust der biologischen Aktivität.

Für die Bindung von LPS an Monozyten/Makrophagen sind zahlreiche bindende Strukturen/Rezeptoren beschrieben worden. Bisher ist jedoch CD14 der einzige Rezeptor, für den eine Bedeutung für die Zytokin-Induktion nachgewiesen worden ist. CD14 ist ein 55-kDa-Glykoprotein, das in der Membran über einen Glykosylphosphatidylinositol (GPI)-Anker eingelagert ist.

Es wird von Zellen der myelomonozytären Reihe (insbesondere Monozyten/Makrophagen, aber auch Granulozyten) exprimiert.

Für die CD14-abhängige Aktivierung von Monozyten/Makrophagen ist weiterhin ein lösliches LPS-bindendes Protein (LBP) von Bedeutung, das im Serum nachzuweisen ist. Seine wohl wichtigste Funktion ist es, die Bindung von LPS an CD14 zu vermitteln. Die Wirkung beruht auf der Bildung von LPS-LBP-Komplexen, die dann mit CD14 reagieren können.

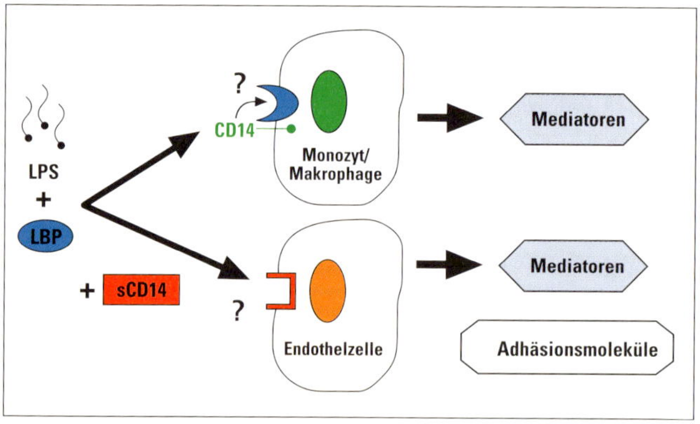

Abb. 3:
CD14-abhängige Aktivierung von Monozyten/Makrophagen und Endothelzellen durch Endotoxin

Neben diesem membranverankerten (m)CD14 existiert ein lösliches (s)CD14, das ebenso wie LBP ein Serumprotein ist. sCD14 kommt eine wichtige Rolle bei der LPS-Aktivierung von Zellen (Endothelzellen, Epithelzellen, glatten Muskelzellen u.a.) zu, die kein mCD14 besitzen. Diese Zellen reagieren auf LPS nur in Gegenwart von sCD14. Ebenso wie die Bindung von LPS an mCD14 wird auch die Bildung der LPS-sCD14-Komplexe durch die Hilfe des löslichen LBP katalysiert (Abb. 3).

Von diesen Untersuchungen ausgehend wurde postuliert, daß auf Endothelzellen ein Rezeptor exprimiert wird, der LPS zusammen mit sCD14 erkennt. Dieser Rezeptor ist möglicherweise ein kürzlich entdecktes, 80 kDa großes, LPS-bindendes Membranprotein.

Folgerungen für die Sepsis-Behandlung

Um eine Sepsis zu behandeln, müssen wir die durch die Endotoxinwirkung ausgelöste Kaskade in all ihren Einzelheiten verstehen. In letzter Zeit sind zahlreiche Lipoid-A-Strukturen und Teilstrukturen synthetisiert worden, um die Struktur-Wirkungsbeziehung dieser Moleküle bei der Aktivierung von Monozyten zu untersuchen.

Versuche haben gezeigt, daß man bei Gesunden mit Endotoxin die Freisetzung von Mediatoren, wie z. B. Tumor-Nekrose-Faktor oder Interleukin 6, induzieren kann. Diese Zytokine sind auch bei Sepsis-Patienten im Serum nachweisbar und können zu den fatalen Folgen, dem septischen Schock, führen. In einer Reihe von Studien wurde daher versucht, die Mediatoren zu neutralisieren, und damit die Sepsis zu behandeln. Bisher sind solche Studien aus unterschiedlichen Gründen fehlgeschlagen.

Vielversprechender scheint es zu sein, die Interaktion des Lipopolysaccharids mit Mediator-produzierenden Zellen zu verhindern.

So kann zum Beispiel die synthetische Verbindung 406, welche im Gegensatz zu vollständigem Lipoid A nur vier primäre Fettsäuren besitzt, zwar sehr gut an humane Monozyten binden, diese aber nicht mehr aktivieren. Es stellte sich heraus, daß die Verbindung 406 auf Grund dieser Eigenschaft ein hervorragender Antagonist ist und die biologische Wirkung von LPS zu blockieren vermag (Abb. 1b). Leider ist dieses Präparat nur bei Menschen oder Primaten ein Antagonist, im Maus-Modell dagegen, an dem untersucht werden sollte, inwieweit man mit diesem Antagonisten eine Sepsis behandeln kann, wirkt es als Agonist.

Inzwischen hat jedoch die Firma Eisai Co. Ltd. (Tsukuba, Japan) ein Lipoid-A-Analogon synthetisiert, das sogenannte Präparat E 5531. Dieses wirkt nicht nur im Menschen, sondern auch in der Maus antagonistisch und eröffnete so die Möglichkeit, ein interessantes Experiment in einem Peritonitis-Modell durchzuführen.

Spritzt man Mäusen *E. coli* und untersucht die Letalität, so kann man feststellen, daß die Letalität durch Zugabe des Lipoid-A-Antagonisten E 5531 nicht absinkt. Die Mäuse sterben lediglich etwas später. Behandelt man die Mäuse mit einem Antibiotikum, so sterben sie ebenfalls nur etwas später. Nur bei gleichzeitiger Gabe von Lipoid-A-Antagonist und Antibiotikum kam es dagegen zu einem starken Rückgang der Letalität.

Dies zeigt zunächst, daß das Konzept, einen LPS-Antagonisten für die Therapie einer Sepsis zu benutzen, erfolgversprechend ist. Durch eine alleinige Behandlung mit dem LPS-Antagonisten werden die Bakterien jedoch nicht abgetötet, und diese Bakterien produzieren zusätzlich Exotoxine, Proteasen und Lipasen, die dann letzten Endes zum Tode führen. Durch die antibiotische Behandlung sterben Bakterien ab und setzen Endotoxin frei. Dieses Endotoxin führt, wenn es in den Tieren nicht neutralisiert wird, zur Mortalität.

Die Kombinationstherapie mit einem Antibiotikum ist also notwendig, um sowohl die Bakterien abzutöten, als auch das Endotoxin zu neutralisieren.

Ausblick

Als weitere Möglichkeit, die Interaktion von Lipopolysaccharid mit den Zellen des inflammatorischen Systems zu blockieren, kommen neben Lipoid-A-Antagonisten auch Rezeptor-Antikörper in Frage. Der CD14-Rezeptor ist nicht sehr spezifisch für Lipopolysaccharid. Eine Reihe von anderen polymeren Strukturen reagieren auch mit CD14. Hierzu gehört das Peptidoglykan von grampositiven Bakterien. Durch Blockierung des CD14-Rezeptors hätten wir also nicht nur Antagonisten gegen das Lipopolysaccharid in der Hand, sondern auch Antagonisten gegen das Peptidoglykan, die Lipoteichonsäure und das Lipoarabinomanan.

Weitere denkbare Modelle wären Antikörper gegen lösliche Rezeptoren, Antikörper oder Proteine, die Lipopolysaccharid neutralisieren können.

Prof. Dr. A. J. Ulmer

Forschungszentrum Borstel
Zentrum für Medizin
und Biowissenschaften
Parkallee 22
D-23845 Borstel

Literatur

1. Pfeiffer, R. Untersuchungen über das Choleragift. Z. f. Hygiene (1892) 11: 393-412
2. Rietschel, E.T., Brade, H., Holst, O., Brade, L., Müller-Loennies, S., Mamat, U., Zähringer, U., Beckmann, F., Seydel, U., Brandenburg, K., Ulmer, A.J., Mattern, T., Heine, H., Schletter, J., Hauschildt, S., Loppnow, H., Schönbeck, U., Flad, H.-D., Schade, U.F., Di Padova, F., Kusumoto, S., Schumann, R.R. Bacterial endotoxin: Chemical constitution, biological recognition, host response and immunological detoxification. Curr. Topics Microbiol. Immunol. (1996) 216: 39-81
3. Rietschel, E.T., Brade, H. Bakterielle Endotoxine. Spektrum der Wissenschaft (1993): 34-42
4. Rietschel, E.T., Kirikae, T., Brade, H., Loppnow, H., Ulmer, A.J., Heine, H., Zabel, P., Flad, H.-D., Schade, U.F. Molekulare Aspekte der Endotoxin-induzierten Zytokinbildung in Makrophagen. In: Wilmanns, W. (Hrsg.) Zytokine. Georg Thieme Verlag, Stuttgart (1993): 34-49
5. Rietschel, E.T., Ulmer, A.J., Zabel, P., Brade, H. Aktuelle Konzepte zur Pathogenese und Therapie der bakteriellen Sepsis. Der Unfallchirurg (1996) 253: 115-24
6. Rietschel, E.T., Ulmer, A.J. Bakterielle Endotoxine und Peptidoglykan als Sepsis-Induktoren. Hygiene und Mikrobiologie (1997) 1: 23-24
7. O'Boyle, C.J., MacFie, J., Mitchell, C.J., Johnstone, D., Sagar, P.M., Sedman, P.C. Microbiology of bacterial translocation in humans. Gut (1998) 42: 29-35
8. Wright, S.D., Ramos, R.A., Tobias, P.S., Ulevitch, R.J., Mathison, J.C. CD14, a receptor for complexes of lipopolysaccharide (LPS) and LPS binding protein. Science (1990) 249: 1431-33
9. Schumann, R.R., Leong, S.R., Flaggs, G.W., Gray, P.W., Wright, S.D., Mathison, J.C., Tobias, P.S., Ulevitch, R.J. Structure and function of lipopolysaccharide binding protein. Science (1990) 249: 1429-31
10. Pugin, J., Heumann, D., Tomasz, A., Kravchenko V., Akamatzu, Y., Nishijima, M., Glauder, M., Tobias, P.S., Ulevitch, R.J. CD14 is a pattern recognition receptor. Immunol. (1994) 1: 509-16
11. Weidemann, B., Schletter, J., Dziarski, R., Kusumoto, S., Stelter, F., Rietschel, E.T., Flad, H.-D., Ulmer, A.J. Specific binding of soluble peptidoglycan and muramyldipeptide to CD14 on human monocytes. Infect. Immun. (1997) 65: 858-64
12. Loppnow, H., Brade, H., Duerrbaum, I., Dinarello, C.A., Kusumoto, S., Rietschel, E.T., Flad, H.-D. IL-1 induction capacity of defined lipopolysaccharide and partial structures. J. Immunol. (1989) 142: 3229-32
13. Kovach, N.L., Yee, E., Munford, R.S., Raetz, C.R.H., Harlan, J.M. Lipid IV a inhibits synthesis and release of tumor necrosis factor induced by lipopolysaccharide in human whole blood ex vivo. J. Exp. Med. (1990) 172: 77-78
14. Ulmer, A.J., Feist, W., Heine, H., Kirikae, K., Kirikae, F., Kusumoto, S., Kusama, T., Brade, H., Schade, U., Rietschel, E.T., Flad, H.-D. Modulation of endotoxin-induced monokine release in human monocytes by lipid A partial structures inhibiting the binding of ^{125}I-LPS. Infect. Immun. (1992) 60: 5145-52
15. Christ, W.J., Asano, O., Robidoux, A.L.C., Perez, M., Wang, Y., Dubuc, G.R., Gavin, W.E., Hawkins, L.D., McGuinness, P.D., Mullarkey, M.A., Lewis, M.D., Kishi, Y., Kawata, T., Bristol, J.R., Rose, J.R., Rossignol, D.P., Kobayashi, S., Hishinuma, I., Kimura, A., Asakawa, N., Katayama, K., Yamatsu, I. E5531, a pure endotoxin antagonist of high potency. Science (1995) 268: 80-83
16. Gazzano-Santoro, H., Parent, J.B., Grinna, L., Horwitz, A., Parsons, T., Theofan, G., Elsbach, P., Weiss, J., Conlon, P.J. High-affinity binding of the bactericidal/permeability-increasing protein and a recombinant amino-terminal fragment to the lipid A region of lipopolysaccharide. Infect. Immun. (1992) 60: 4754-61
17. Marra, M.N., Wilde, C.G., Collins, M.S., Snable, J.L., Thornton, M.B., Scott, R.W. The role of bactericidal/ permeability-increasing protein as a natural inhibitor of bacterial endotoxin. J. Immunol. (1992) 148: 532-37
18. Di Padova, F., Gram, H., Barclay, R., Poxton, I., Liehl, E., Rietschel, E.T. Monoclonal antibodies to endotoxin core as a new approach in endotoxinemia therapy. In: Morrison, D.C., Ryan, J.L. (Hrsg.) Novel therapeutic strategies in the treatment of sepsis. Marcel Dekker Inc., New York: 13-31

Prof. Dr. J. Hacker

Adhäsionsfaktoren von pathogenen und apathogenen *Escherichia-coli*-Stämmen

von J. Hacker, S. Khan, G. Blum-Oehler, T. Ölschläger

Zusammenfassung

Das Bakterium *Escherichia coli* kann unterschiedliche Wirtsorganismen besiedeln und hier in Symbiose, als kommensaler oder als pathogener Mikroorganismus Wechselwirkungen mit dem Wirt eingehen. Als eine wichtige Voraussetzung für diese Prozesse gilt die Kolonisation der Mikroorganismen auf eukaryontischen Zellen. Derartige Kolonisationsprozesse, die unterschiedliche Wirkung haben können, werden von sog. Adhäsinen ausgelöst. Man unterscheidet die sog. Fimbrien-Adhäsine von den "Nicht-Fimbrien-Adhäsinen". Die sog. Typ 1-Fimbrien-Adhäsine und die "Curli"-Adhäsine werden sowohl von pathogenen als auch von apathogenen *Escherichia-coli*-Stämmen ausgebildet.

Protein-Adhäsionsfaktoren binden spezifisch an Kohlenhydrat-haltige Rezeptoren und leiten so den Prozeß der Kolonisierung ein. Adhäsionsfaktoren können auch die Aufnahme von Bakterien in eukaryontische Zellen (Invasion) determinieren.

Darmpathogene *E.-coli*-Bakterien bilden eine große Zahl unterschiedlicher Adhäsine, die die Kolonisation in unterschiedlichen Abschnitten des Darms determinieren. Extraintestinale *E.-coli*-Bakterien, die Harnwegsinfektionen und in Einzelfällen Neugeborenen-Meningitis auslösen können, bilden ebenfalls Fimbrien-Adhäsine aus. Auch diese Fimbrien-Adhäsine extraintestinaler *E.-coli*-Bakterien spielen möglicherweise eine Rolle bei der Kolonisation von *E. coli* im Darm.

Mit Hilfe molekularbiologischer Methoden ist es uns gelungen, eine Reihe von Genen, die für Fimbrien-Adhäsine von *Escherichia coli* kodieren, zu klonieren. Die zugrundeliegenden Gencluster lassen sich in verschiedene Bereiche einteilen, die für die Haupt-Proteinuntereinheit der Fimbrien-Adhäsine ("Major Subunit") und für Neben-Proteinuntereinheiten ("Minor Subunits") kodieren. Darüber hinaus sind einige Genprodukte für den Transport der Fimbrien-Proteinuntereinheiten durch die bakterielle Membran verantwortlich. Weiterhin kodieren Gene für Regulationsfaktoren.

Die genetische Struktur der Fimbrien-Adhäsine ist mittlerweile recht gut aufgeklärt worden. Allerdings ist bisher weiter unbekannt, welche Prozesse sich nach der Bindung der Fimbrien-produzierenden *E.-coli*-Bakterien auf den Wirtszellen abspielen. Inwieweit die Proteinuntereinheiten die Wirtsspezifität determinieren, ist bisher ebenfalls nicht bekannt.

Summary

The bacterium *Escherichia coli* can colonize different host organisms and interacts with the host as a symbiotic, commensal or pathogenic micro-organism. The ability to colonize eucaryotic cells is an important requirement for these processes. Colonization and its various effects are mediated by so-called adhesins. Fimbrial adhesins are differentiated from non-fimbrial adhesins. So-called type 1 fimbrial adhesins and "Curli" adhesins are formed by pathogenic as well as by non-pathogenic *Escherichia coli* strains. Protein adhesion factors bind specifically to carbohydrate receptors, thus inducing the process of colonization. Adhesion factors may also determine bacterial invasion into eucaryotic cells.

Enteropathogenic *E. coli* bacteria form a host of different adhesins, which determine colonization of different parts of the bowel. Extraintestinal *E. coli* bacteria, which can cause urinary tract infections as well as occasional neonatal meningitis, form fimbrial adhesins as well. The fimbrial adhesins of extraintestinal *E. coli* strains may also play a role in *E. coli* colonization of the gut.

Methods of molecular biology allow for the cloning of several genes encoding fimbrial adhesins of *E. coli*. Different subunits can be differentiated among the gene clusters, encoding the major protein subunit of fimbrial adhesins as well as minor protein subunits. Furthermore, some of the gene products are necessary for the transport of fimbrial protein subunits through the bacterial membrane. Other genes encode regulating factors.

In the meantime, the genetic structure of fimbrial adhesins has been fairly well enlightened. The processes taking place after the binding of fimbriae-producing *E. coli* strains to the host cell, however, have not yet been identified. As to what extent the protein subunits determine host specificity is also unknown.

Einführung

Das Bakterium *Escherichia coli* kann unterschiedliche Wirtsorganismen besiedeln und hier in Symbiose, als kommensaler oder als pathogener Mikroorganismus Wechselwirkungen mit dem Wirt eingehen. Als eine wichtige Voraussetzung für diese Prozesse gilt die Adhärenz der Mikroorganismen an Oberflächen von eukaryontischen Zellen. An derartigen Prozessen sind bakterielle Adhäsine, auch Haftfaktoren genannt, essentiell beteiligt.

Die Adhärenz kann krankheitsauslösend wirken, indem sie beispielsweise die Kolonisation des Harnwegs durch die Bakterien ermöglicht. Andererseits ist sie Voraussetzung für die Besiedlung des Darms mit physiologischen Darmbakterien. Darüber hinaus vermitteln Adhäsine nicht nur Bindungen, sondern induzieren auch biologische Konsequenzen. Adhäsine haben also eine duale Funktion.

Einteilung und Morphologie der Adhäsine

Escherichia coli bildet eine große Anzahl unterschiedlicher Adhäsine. Einige Adhäsine kommen nur bei pathogenen Bakterien vor, andere wie z. B. Typ 1-Fimbrien oder auch F1C-Fimbrien, sind sowohl bei pathogenen als auch bei apathogenen *E.-coli*-Bakterien nachgewiesen worden (1).

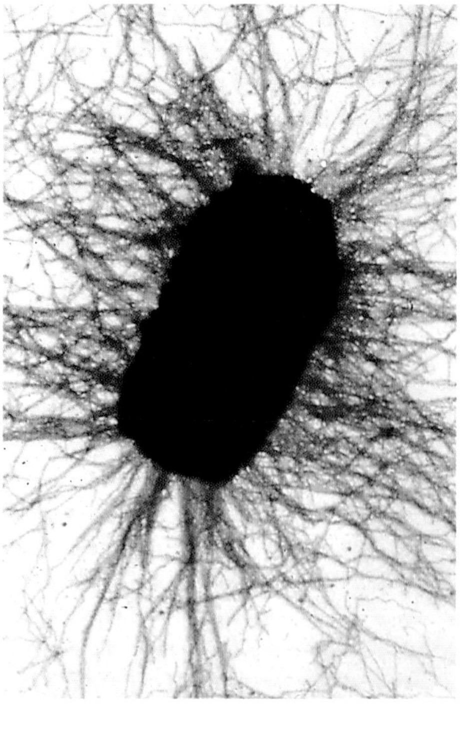

Abb. 1:
Fimbrien-Adhäsine
(elektronenmikroskopische Aufnahme)

Hinsichtlich der Morphologie unterscheidet man Fimbrien-Adhäsine von den "Nicht-Fimbrien-Adhäsinen". Fimbrien sind haarähnliche Strukturen, die mit dem Elektronenmikroskop gut sichtbar gemacht werden können (Abb. 1). Sie sind auf der Oberfläche des Bakteriums lokalisiert und können eine Länge von 2 µm haben. Fimbrien-Adhäsine stellen in der Regel Heteropolymere dar. Die haarförmige Fimbrienstruktur wird jedoch aus einer Hauptuntereinheit gebildet. In diese Hauptuntereinheit können einzelne heterologe Proteine eingelagert sein. Gerade diese eingelagerten Proteine, die sehr häufig an der Spitze lokalisiert sind, können eine Kohlenhydrat-bindende Wirkung entfalten und sind für den eigentlichen Adhärenzmechanismus verantwortlich. Man kann sie unterteilen in stabile fimbrienbildende Strukturen und in flexible Strukturen (Tab. 1).

Fimbrial adhesins of pathogenic *E. coli*

Fimbrial adhesins	Ftype	HA	Morphology	Genetic location	*E. coli* subtype
Type 1	F1A	+	Stable	Chromosome	common
CFA 1	F2	+	Stable	Plasmid	ETEC; human
CS 1 (CFA II)		+	Stable	Plasmid	ETEC; human
CS 2 (CFA II)		+	Stable	Chromosome	ETEC; human
CS 3 (CFA II)	F3	–	Flexible	Plasmid	ETEC; human
CS 4 (CFA IV)		+	Stable	Plasmid	ETEC; human
CS 5 (CFA IV)		+	Stable	Plasmid	ETEC; human
CS 6 (CFA IV)		–	Flexible	Plasmid	ETEC; human
K88	F4	+	Flexible	Plasmid	ETEC; porcine
K99	F5	+	Semiflexible	Plasmid	ETEC; porcine, bovine
987P	F6	–	Stable	Plasmid	ETEC; porcine
F1845		+	Stable	Chromosome	EPEC; human
EAF		–	Stable	Plasmid	EPEC; human
AF/RI		+	Stable	Plasmid	EPEC; rabbit
EHEC fimbriae		+	Stable	Plasmid	EHEC; human
P (Prs, Pap, Prf)	F7-F16	+	Stable	Chromosome	UPEC; human, dogs
G		+	Stable	Chromosome	UPEC; human
075X (D)		+	Stable	Chromosome	UPEC; human
S		+	Stable	Chromosome	UPEC; MENEC; human
Type C	F1C	–	Stable	Chromosome	UPEC; common, human
F165		+	Stable	Chromosome	SEPSIS; pigs
31A		+	Stable	Chromosome	SEPSIS; calves

Tab. 1: Fimbrien-Adhäsine pathogener *E.-coli*-Bakterien

Die sog. Typ 1-Fimbrien-Adhäsine sowie die "Curli"-Adhäsine werden von einer großen Anzahl von *E.-coli*-Stämmen, sowohl von pathogenen als auch von apathogenen Varianten, ausgebildet. Nicht-Fimbrien-Adhäsine kommen in gramnegativen und auch in grampositiven Bakterien als Haftfaktoren vor. Man findet sie nicht nur bei *E. coli*, sondern sehr allgemein im Bereich der Prokaryonten.

Ein zusätzliches Unterscheidungsmerkmal der Adhäsine ist die Lokalisation der entsprechenden Gene im Genom der Bakterien. Einige sind auf dem Chromosom lokalisiert, sehr häufig liegen die entsprechenden Gene aber auch auf Plasmiden (2).

Funktionsweise und Vorkommen der Adhäsine

Adhäsine sind für die Haftung der Bakterien an Epithelzellen von Arterien, im Darm oder im Harnweg verantwortlich. Sie bilden dabei eine sehr spezifische Bindung. *E.-coli*-Adhäsine erkennen Rezeptoren, in der Regel Kohlenhydrat-Rezeptoren, auf der Wirtszelle. Nach dem "Schlüssel-Schloß-Prinzip" binden die Protein-haltigen Adhäsionsfaktoren spezifisch an die Kohlenhydrat-haltigen Rezeptoren und leiten so den Prozeß der Kolonisierung ein. In bestimmten Fällen ist gezeigt worden, daß Adhäsionsfaktoren auch die Aufnahme von Bakterien in eukaryontische Zellen (Invasion) vermitteln können.

Typ 1-Fimbrien, die sowohl unter pathogenen als auch unter apathogenen Bakterien weit verbreitet sind, adhärieren an Mannose-haltige Rezeptoren. Besonders intensiv wurden in den letzten Jahren die Adhäsine von pathogenen *E. coli* analysiert. Darmpathogene *E.-coli*-Bakterien bilden eine große Zahl unterschiedlicher Adhäsine, die die Kolonisation verschiedener Abschnitte des Darms bewirken.

E.-coli-Bakterien, die Harnwegsinfektionen und in Einzelfällen Neugeborenen-Meningitis auslösen können, bilden Fimbrien-Adhäsine der P- und S-Gruppe aus. Während P-Fimbrien an Galaktose-spezifische Rezeptoren binden, erkennen S-Fimbrien Sialinsäure-haltige Rezeptoren auf der Oberfläche eukaryontischer Zellen.

Fimbrien-Adhäsine der S-Familie können an eine große Zahl verschiedener Zellen binden. Neuere Arbeiten legen die Vermutung nahe, daß Fimbrien-Adhäsine extraintestinal auftretender *E.-coli*-Bakterien möglicherweise auch eine Rolle bei der Kolonisation im Darm spielen, denn 5% der fäkalen *E.-coli*-Isolate tragen diese Adhäsine. Adhärenzfaktoren der S-Familie sind bei pathogenen, aber auch bei apathogenen *E.-coli*-Bakterien verbreitet. Die Rezeptoren dieser als F1C-Fimbrien-Adhäsine bezeichneten Haftfaktoren sind bisher noch nicht identifiziert worden. Wahrscheinlich steht eine bestimmte Glykolipid-Fraktion im Harnweg als Rezeptor für die F1C-spezifischen Adhäsine zur Verfügung. Es wäre denkbar, daß F1C-Fimbrien-Adhäsine bei bestimmten Infektionen eine Rolle spielen. So konnte gezeigt werden, daß F1C-produzierende, rekombinante *E.-coli*-Stämme sehr spezifisch an Blasenepithel- und Blasenendothelzellen adhärieren (Tab. 2). Wenn diese Bindung auftritt und bestimmte andere Eigenschaften der Bakterien es zulassen, könnten diese Bakterien Harnwegsinfektionen, insbesondere Blasenentzündungen, auslösen. Die F1C-Fimbrien wurden bei Meningitis-Erregern bisher nicht nachgewiesen, gelegentlich jedoch bei Sepsis-Erregern.

Darüber hinaus bilden auch *E.-coli*-Bakterien, die bei Küken isoliert werden, Adhäsine der S-Familie aus. Welche der Proteinuntereinheiten für die Wirtsspezifität von Bedeutung sind, ist bisher nicht bekannt.

Binding Efficiencies of HB101 Expressing Fimbriae of the S Superfamily

Cell Lines	Origin	Control	Fimbrial Type			
			F1C	Sfr	Sfa I	Sfa II
	Epithelium					
HKEP	Hum. Kidney	–	–	–	++	++
LLCPK1	Pig Kidney	–	–	++	++	ND
MDCK	Canine Kidney	–	–	–	++	++
T24	Hum. Urin. Bladder	–	–	–	+	+
RT112	Hum. Urin. Bladder	–	++	++	++	++
	Endothelium					
HUVEC	Hum. Umb. Cord	–	–	–	++	++
HGMEC*	Hum. Glomerulus	–	++	++	++	++
HBMEC	Hum. Brain	–	–	–	++	++

* Primary Cells

Tab. 2: Bindung verschiedener Fimbrien-Adhäsine an Epithel- und Endothelzellen

Molekulargenetische Untersuchungen

Mit Hilfe molekularbiologischer Methoden ist es gelungen, eine Reihe von Genen, die für Fimbrien-Adhäsine von *E. coli* kodieren, zu klonieren. Die S-Fimbrien-Adhäsine weisen hinsichtlich der genetischen Struktur im Vergleich zu anderen ausgewählten *E.-coli*-Adhäsinen eine gewisse Variabilität, aber auch eine große Zahl von Übereinstimmungen auf. Interessant ist, daß die Adhäsine der Typ 1- und F1C-Fimbrien, die unter anderem auch bei dem Stamm Nissle 1917 vorkommen, ebenfalls eine ähnliche Struktur zeigen (3, 4).

Die zugrundeliegenden Gencluster lassen sich in verschiedene Bereiche einteilen, die für die Haupt-Proteinuntereinheiten ("major subunits") und für die Neben-Proteinuntereinheiten ("minor subunits") kodieren. Darüber hinaus sind einige Genprodukte für den Transport der Fimbrien-Proteinuntereinheiten durch die bakterielle Membran verantwortlich. Weitere Gene der Fimbrien-Adhäsin-Determinanten kodieren für Regulationsfaktoren, die das "Einschalten" bzw. "Ausschalten" der Fimbriengene bewirken.

Für die Ausprägung der eigentlichen S-Fimbrienstruktur sind vier Proteine von Bedeutung. Eines dieser Proteine wird von dem Gen *sfaA* kodiert. Desweiteren spielen noch andere Proteine beim Transport der Fimbrienstruktur an die Zelloberfläche eine Rolle. Auch TypII-Transportsysteme sind daran beteiligt.

Um die an der Adhäsion eigentlich beteiligten Gene zu bestimmen, kann man einzelne Gene der Fimbrien-Adhäsin-Determinanten gezielt ausschalten. Wird ein bestimmtes Gen aus diesem Gencluster ausgeschaltet, so wird dadurch die Adhärenz an Zellen des Harnwegs stark verringert. Bringt man dagegen dieses Gen wieder in das Bakterium ein, kann man die Adhärenzeigenschaften induzieren. Dieses Verfahren ermöglicht es, die für die Bindung verantwortlichen Strukturen ausfindig zu machen (5).

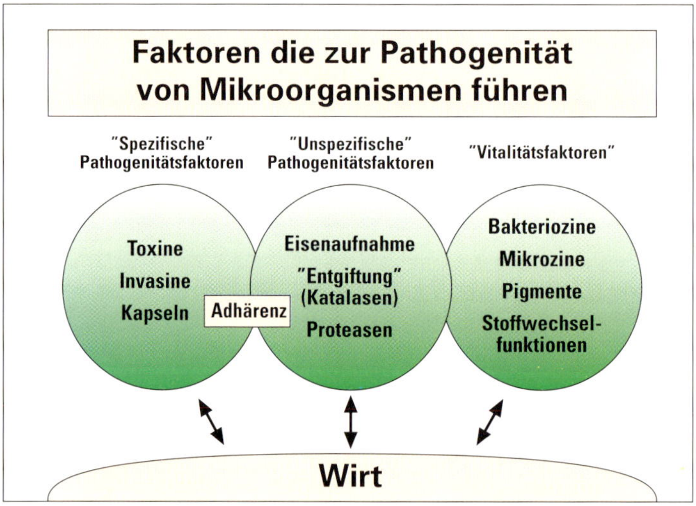

Abb. 2: Pathogenitäts- und Vitalitätsfaktoren von Mikroorganismen

Resümee

Fimbrien-Adhäsine stellen essentielle Oberflächenstrukturen von *E.-coli*-Bakterien dar, die sowohl bei apathogenen als auch bei pathogenen Bakterien vorkommen. Zahlreiche *E.-coli*-Adhäsine sind in den letzten 10 Jahren beschrieben worden. Sie stellen ungefähr ein Viertel bis ein Drittel der bekannten Adhäsine von *E. coli* dar. *E. coli* ist ein sehr heterogener Organismus, was auch durch das Vorhandensein unterschiedlicher Adhäsine dokumentiert wird.

Adhäsine können *E.-coli*-Bakterien einen Vorteil im Darm verschaffen, indem sie an einen Glykopeptid-Rezeptor auf Darmzellen adhärieren und so zur Kolonisation beitragen. Sie stellen somit einen Vitalitätsfaktor dar, der die Robustheit und die Vermehrung von Keimen in bestimmten Habitaten steuern kann (Abb. 2). Andererseits können Adhäsine eine Zellspezifität hinsichtlich pathogener Ereignisse determinieren. Ähnlich wie das Endotoxin können sie fördernd für die Gesundheit sein, auf der anderen Seite aber auch ein Pathogenitätsmerkmal darstellen. Daran läßt sich die duale Wirkungsweise von Adhäsinen erkennen.

Die Bereiche der Pathogenitätsdeterminanten und Vitalitätsfaktoren sind vielfach überlappend. Toxine, aber auch Invasine oder Kapseln liefern einen spezifischen Beitrag zur Pathogenität. Eisenaufnahme und unspezifische enzymatische Aktivitäten haben dagegen eine ähnlich duale Funktion wie die Adhäsine. Sie fördern die Anpassung von Mikroorganismen an bestimmte Habitate, können aber auch zur Pathogenität beitragen.

Die genetische Struktur der Adhäsine ist mittlerweile recht gut aufgeklärt. Allerdings ist bisher weiter unbekannt, welche Prozesse sich nach der Bindung der Fimbrien-produzierenden *E.-coli*-Bakterien auf den Wirtszellen abspielen.

Prof. Dr. J. Hacker

Institut für Molekulare
Infektionsbiologie
Universität Würzburg
Röntgenring 11
D-97070 Würzburg

Literatur

1. Hacker, J. Role of fimbrial adhesins in the pathogenesis of *Escherichia coli* infections. Can. J. Microbiol. (1992) 38:720-27
2. Mühldorfer, I., Hacker, J. Genetic aspects of *Escherichia coli* virulence. Microb. Pathogen. (1994) 16: 171-81
3. Hacker, J., Kestler, H., Hoschützky, H., Jann, K., Lottspeich, F., Korhonen, T.K. Cloning and characterization of the S fimbrial adhesin II complex of an *Escherichia coli* O18:K1 meningitis isolate. Infect. Immun. (1993) 61: 544-50
4. Ott, M., Hoschützky, H., Jann, K., van Die, I., Hacker, J. Gene clusters for S fimbrial adhesin (*sfa*) and F1C (*foc*) of *Escherichia coli*: Comparative aspects of structure and function. J. Bacteriol. (1988) 170: 3983-90
5. Demuth, V., Mühldorfer, I., Khan, A.S., Wallner, U., Korhonen, T.K., Hacker, J. Functional analysis of the minor subunits of S fimbrial adhesins (Sfa) in pathogenic *Escherichia coli*. FEMS Microbiol. Lett. (1998) (submitted)

Escherichia coli als Werkzeug in der Molekularbiologie und Gentechnik

von M. Kröger

Prof. Dr. M. Kröger

Zusammenfassung

Escherichia coli ist seit vielen Jahrzehnten das Lieblingsmodellsystem der molekularen Genetik. Alle grundlegenden Arbeiten zum Verständnis der molekularen Zusammenhänge lebender Zellen wurden am Beispiel des Modellbakteriums *Escherichia coli* erarbeitet. Neben den Grundprinzipien der Proteinbiosynthese wurden grundlegende genetische Phänomene in *E. coli* entdeckt, die sich mit der Mendelschen Genetik nicht erklären ließen. So wurden neben den Phagen auch andere bewegliche genetische Elemente entdeckt (Plasmide und Insertionselemente), ohne die die heutige Gentechnologie nicht denkbar wäre.

Zuerst wurden Plasmide mit Hilfe der sog. Antibiotikaresistenz als kleine extrachromosomale Einheiten charakterisiert. Man konnte die Plasmide auf eine Minimalgröße reduzieren, um sie dann mit fremder Geninformation zu beladen. Der *E.-coli*-Stamm K12 erwies sich als besonders geeignet. Er nimmt die fremden Plasmide ohne die Möglichkeit der Weitergabe an andere Zellen zuverlässig auf. Diese Stämme wurden ferner so verändert, daß sie keine Fimbrien haben, um den menschlichen Darm zu besiedeln. Sie sind als sog. biologische Sicherheitsmaßnahme UV- und Chemikalien-empfindlich, so daß sie auch für die Klonierung toxischer Genprodukte zugelassen sind.

Am Beginn des Jahres 1997 gelang es schließlich, die gesamte genetische Information des *E.-coli*-K12-Chromosoms aufzuklären. *E. coli* besitzt etwa 4173 sogenannte offene Leserahmen, von denen bisher 1897 einer bestimmten Funktion zugeteilt werden konnten. Weitere 150 Gene sind für die tRNAs und die rRNAs zuständig. Um die entsprechende Funktion für die restlichen 2126 offenen Leserahmen zu erkennen, wird ein weltweiter Datenaustausch benötigt. In Gießen wird eine *E.-coli*-spezifische Datenbank verwaltet, die diese Erkenntnisse möglichst aktuell via Internet bereitstellt (http://susi.bio.uni-giessen.de/ecdc.html).

Summary

Escherichia coli has been the favourite model organism in molecular genetics for many years. All basic work concerning molecular interrelations between living cells were found in the model bacterium *E. coli*. The basic principles of protein biosynthesis as well as basic genetic phenomenons that did not conform to Mendel's laws were discovered by using *E. coli*.

Aside from the phages, other mobile genetic elements, indispensable to today's genetic technology, have been discovered (plasmids and insertion elements). The spreading of antibiotic resistance first helped to characterize plasmids as small extrachromosomal DNA units. They could be reduced to minimal size and loaded with foreign genetic information. The strain *E. coli* K12 proved to be particularly useful, because it takes up foreign plasmids easily without passing them on to other cells. Such strains were altered in order to remove their fimbriae and thus their ability to colonize the human gut. As a biological safety measure they are sensitive to UV rays and chemicals. It is therefore permitted to use them even for cloning toxic gene products.

In early 1997 the entire genetic information of *E. coli* K12 was resolved. *E. coli* has approx. 4173 so-called open reading frames, 1897 of which could be assigned to a specific function. Another 150 genes encode tRNA and rRNA. To discover the functions of the remaining 2126 open reading frames, world-wide data exchange is needed. The University of Giessen runs an *E.-coli*-specific database where all current knowledge and results on *E. coli* are regularly published via the internet (http://susi.bio.uni-giessen.de/ecdc.html).

Einführung

Escherichia coli ist seit vielen Jahrzehnten das klassische Modellsystem der molekularen Genetik. Das läßt sich im wesentlichen darauf zurückführen, daß bereits die Experimente, die als Geburtsstunde der molekularen Genetik gelten, an *Escherichia coli* durchgeführt wurden. Ohne Übertreibung kann man sagen, daß alle grundlegenden Forschungsergebnisse zum Verständnis der molekularen Zusammenhänge lebender Zellen am Beispiel des Modellbakteriums *Escherichia coli* erarbeitet wurden.

Alle Systeme, die wir zur Durchführung von gentechnischen Experimenten oder biotechnischen Produktionsverfahren kennen, sind von der Natur abgeschaut. Durch gründliches Beobachten und Ausnutzen der natürlichen Vorgänge ist es heute möglich, an Bakterien, Pilzen, Pflanzen oder Tieren Genmanipulationen durchzuführen. Die Bedeutung von *E. coli* in der heutigen Gentechnik besteht vor allem darin, daß die Erbinformation beliebiger Organismen zunächst in *E. coli* kloniert werden kann und damit einer detaillierten Analyse und auch gezielten Veränderung zur Verfügung steht. Die erzeugten gentechnischen Konstrukte können dann wieder in eukaryontische Zellen gebracht und dort getestet werden. Die historische Entwicklung solcher Möglichkeiten und die Rolle, die *E. coli* dabei als Modellsystem gespielt hat, ist im folgenden gezeigt.

Phagen als Grundlage der Genanalyse

Nachdem *E. coli* 1885 entdeckt worden war, ist bereits 1921 beschrieben worden, daß die *E.-coli*-Zelle ein Virus enthalten kann, welches die Zelle nicht abtötet. Schon 1921 hat man also das Phänomen der Lysogenie entdeckt. Dabei wird die *E.-coli*-Zelle von einem Phagen infiziert, und in der Folge gibt es zwei Möglichkeiten der Entwicklung. Entweder wird die Zelle lysiert, und es kommt zur Freisetzung von ca. 200 Phagen-Nachkommen, oder aber der Phage verbleibt als sog. Prophage inaktiv in der Zelle. Dieser lysogene Phage kann unter bestimmten Bedingungen aber reaktiviert werden, Nachkommen produzieren und die Zelle lysieren. In der Frühzeit der Molekularbiologie war noch völlig unklar, wie der Prophage überlebt und wie es zu seiner Reaktivierung kommt (Abb. 1).

Der Physiker Max Delbrück, der eine Wachstumskinetik für Bakteriophagen aufgenommen hat, erkannte 1939, daß die Bakteriophagen eine ideale Grundlage dafür sind, einzelne Gene zu analysieren. Aus der intensiven Erforschung der Bakteriophagen erwuchs der sogenannte Phagenkurs in Cold Spring Harbor, aus dem sich eine Serie von mehr als 14 Nobelpreisträgern entwickelte.

1951 ist der Bakteriophage Lambda entdeckt worden. Mit Hilfe von Lambda ist es gelungen, genetisches Material von einer Zelle in eine andere zu bringen. Entscheidend war die Entdeckung, daß Lambda als Prophage in das bakterielle Genom integriert. Wenn der Prophage wieder reaktiviert wird, schneidet er oft nicht ganz genau

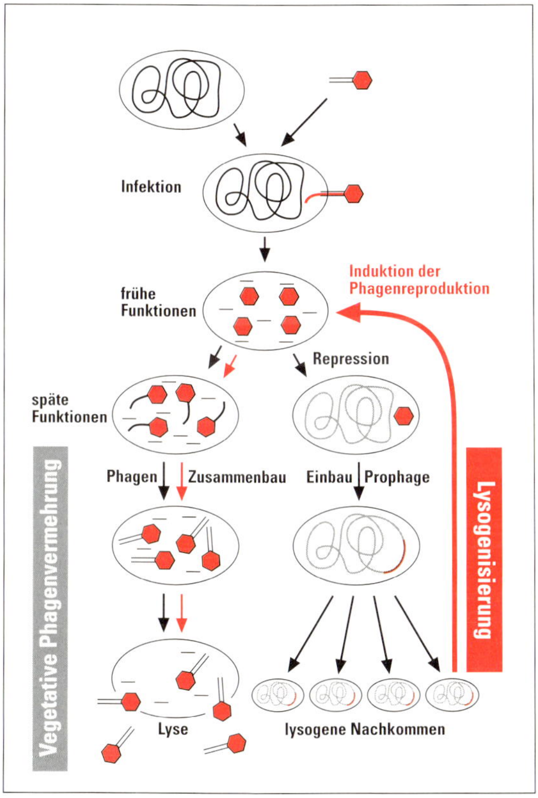

Abb. 1:
Zyklus eines lysogenen Phagen

sein eigenes Genom wieder aus, sondern zusätzlich flankierende bakterielle Gene. So konnte er das *gal*-Operon und das *bio*-Operon mitnehmen und bei einer neuen Infektion übertragen.

Inzwischen ist bekannt, daß viele Toxine auf den Genomen von Bakteriophagen kodiert sind. Es gibt von daher sicherlich genügend Gründe, sich auch in Zukunft mit den komplizierten Regulationsmechanismen von Phagen zu beschäftigen.

Bewegliche genetische Elemente

Bereits vor der Entdeckung des Phagen Lamda haben Tatum und Lederberg unter dem Mikroskop beobachtet, daß zwei Bakterien miteinander Pili ausbilden können und konnten zeigen, daß auf diese Weise zwischen zwei Zellen DNA ausgetauscht wird. Dies war der erste Nachweis von Gen-Transfer, sozusagen die Geburtsstunde des Klonierens.

In diesem Zusammenhang wurden neben den Phagen andere mobile genetische Elemente entdeckt, ohne die die heutige Gentechnologie nicht denkbar wäre. Es handelt sich dabei um Insertionselemente und vor allem um Plasmide. Durch die Entdeckung der Weitergabe von Antibiotikaresistenzen gelang es zuerst, Plasmide als kleine extrachromosomale Träger von Erbinformation zu identifizieren. Die Entdeckung der notwendigen funktionellen Elemente natürlich vorkommender Plasmide erlaubte es, sie gentechnisch auf eine Minimalgröße zu reduzieren, so daß sie leicht zu handhaben waren. Man konnte diese künstlichen Plasmide dann mit fremder Geninformation beladen, so daß es bald möglich war, einzelne Gene zu untersuchen. Der *E.-coli*-Stamm K12 und zielgerichtet gezüchtete Derivate davon erwiesen sich als besonders geeignet, die künstlich veränderten Plasmide aufzunehmen und zu vermehren. Damit war der Weg für das Klonieren von artfremden Genen in *E. coli* geebnet.

Modelle der Genregulation

1956 konnte das erste Enzym, das für die DNA-Replikation zuständig ist, die DNA-Polymerase I, aus *E. coli* isoliert werden. An einem *E.-coli*-Phagen konnte 1958 das erste Mal die semikonservative Replikation der DNA nachgewiesen werden, und damit auch, daß die Helixform der DNA-Doppel-Helix eine funktionelle Bedeutung hat. Man konnte im Rahmen der weiteren Forschung in diesem Bereich schließlich ein schlüssiges Modell der DNA-Synthese entwickeln (Abb. 2).

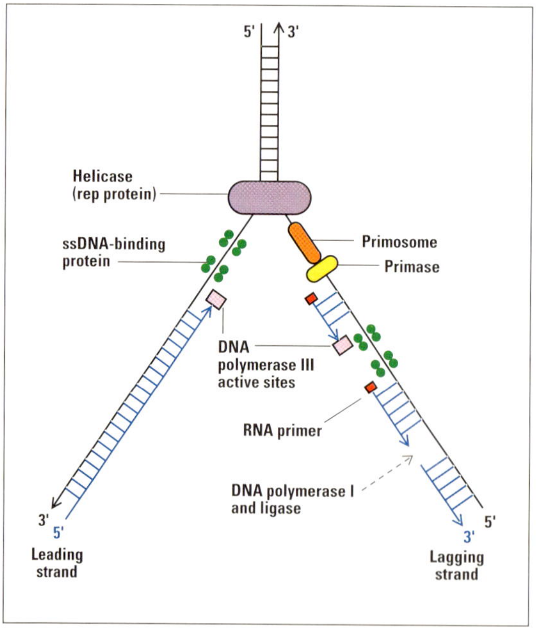

Abb. 2:
Modell der DNA-Replikation

Im Jahre 1959 wurde durch Jacob und Monod erstmalig das sog. Operon-Modell für die Genregulation vorgeschlagen. Durch die Interaktion eines Repressors mit seiner Bindestelle auf der DNA, dem Operator, wird der Promotor, also das Startsignal für die Expression der entsprechenden Strukturgene, kontrolliert. Bindet im Fall des *lac*-Operons beispielsweise der Nährstoff Laktose an den Repressor, gibt er seinen Kontakt zum Operator auf und der Promotor wird aktiviert. Dadurch können die Strukturgene zur Verwertung dieses Zuckers abgelesen werden. Durch intensive Untersuchungen solcher Regulationsmechanismen hat man inzwischen sehr effektive Promotor-Operator-Systeme für eine Nutzung in der Biotechnologie entwickelt.

Gentechnologie und Sicherheit

Restriktions-Modifikations-Systeme, die 1953 in *E. coli* entdeckt wurden, haben sich später als eine der wesentlichsten Grundlagen für die Gentechnologie herausgestellt. Der zugrundeliegende Mechanismus wurde 1962 mit der Entdeckung der Restriktions-Enzyme aufgeklärt. Diese stellten das erste Werkzeug für die Gentechnologie dar, da sie DNA sequenzspezifisch zerschneiden können. U. a. mit Hilfe von Restriktions-Enzymen wurden 1964 die ersten 99 Gene von *E. coli* kartiert. 1967 hat man die DNA-Ligase entdeckt, die in der Lage ist, die mit Restriktions-Enzymen erzeugten DNA-Fragmente auch in neuer Kombination wieder zu verbinden. 1973 wurde der praktische Start der Gentechnologie eingeläutet und das Patent für die Klonierung angemeldet. Daraufhin erreichte 1975 die Sicherheitsdiskussion über das Klonieren einen ersten Höhepunkt.

Es wurden verschiedene Sicherheitsstufen geschaffen. Als wichtigster Punkt wurde dabei angesehen, daß keine gentechnisch erzeugten Konstrukte in die Umwelt gelangen dürfen. Ausgehend vom *E.-coli*-Stamm K12 war es mit dem bis dato angesammelten Wissen möglich, *E.-coli*-Stämme so zu züchten, daß sie die fremden Plasmide ohne die Möglichkeit der Weitergabe an fremde Zellen zuverlässig aufnehmen konnten. Diese Stämme wurden ferner so verändert, daß sie a) keine Fimbrien haben, um den menschlichen Darm zu besiedeln, daß sie b) unter keinen Umständen in der freien Natur überleben könnten und daß sie c) UV- und Chemikalien-empfindlich sind. Durch diese Eigenschaften gelten diese Stämme als sog. biologische Sicherheitsmaßnahme und sind auch für die Klonierung toxischer Genprodukte zugelassen. Für noch höhere gentechnische Sicherheitsstufen hat man den Stamm Chi 1776 entwickelt, der schon im Labor kaum lebensfähig ist.

Möglichkeiten der Wissensvermittlung über *E. coli*

1987 ist die Restriktions-Karte von *E. coli* als erste Restriktions-Karte eines gesamten Organismus mit mehr als 6000 Restriktions-Schnittstellen veröffentlicht worden. Dabei wurde die Größe des *E.-coli*-Genoms 1987 bereits auf 1,1 % genau festgelegt. Eine japanische Arbeitsgruppe hat Ende 1996 die Gesamtsequenzierung des *E.-coli*-Genoms abgeschlossen, deren Sequenz allerdings noch fehlerhafte Abschnitte enthielt. 1997 wurde dann die Sequenz des Genoms von *E. coli* veröffentlicht, die komplett aus einem einzigen Stamm (K12) ermittelt wurde. *E. coli* K12 besitzt etwa 4173 sogenannte offene Leserahmen, von denen bisher 1897 einer bestimmten Funktion zugeordnet werden konnten. Weitere 150 Gene kodieren für die tRNAs und die ribosomalen RNAs.

An der Aufklärung der Funktion der restlichen 2126 offenen Leserahmen arbeiten weltweit Tausende von Wissenschaftlern, indem sie Gene gezielt ausschalten und nach der Fehlfunktion suchen. Für dieses Projekt wird ein weltweiter Datenaustausch benötigt, der schon heute dazu geführt hat, daß zahlreiche Ergebnisse nur noch elektronisch veröffentlicht werden. Heutzutage ist es sinnvoll, für diese Wissensvermittlung das Internet zu benutzen. Der Eintrag in die internationalen Datenbanken ersetzt zunehmend die gedruckten Publikationen.

In Gießen wird eine *E.-coli*-spezifische Datenbank verwaltet, die versucht, alle diese Erkenntnisse möglichst aktuell via Internet bereitzustellen (URL: http://susi.bio.uni-giessen.de/ecdc.html). Als Grundlage dient die DNA als chemische Primärsequenz. Um die Gensequenz herum ist eine Datenbank gruppiert, die die bekannten Genfunktionen, die 2D-Gel-Daten, Vergleiche mit anderen Bakterien, Röntgenstruktur-Daten, Modelle, Proteinsequenzen, Literatur, Abstracts, physiologische Daten, Biosynthetik, molecular pathways und Mutantenstämme enthält.

Diese Arbeit ist für eine einzelne Person, auch ein einzelnes Labor, unmöglich. Durch Einbau von Verknüpfungen wird es möglich, auf lokale Datenbanken, die von den einzelnen Arbeitsgruppen selbst gepflegt werden, zuzugreifen. Die Datenbank kann daher von Tag zu Tag stets über die aktuellen Entwicklungen informieren.

Prof. Dr. M. Kröger

Institut für Mikrobiologie
und Molekularbiologie
Justus-Liebig-Universität Gießen
Frankfurter Straße 107
D-35392 Gießen

Literatur

1. Kröger, M., Wahl, R. Compilation of DNA-sequences of *Escherichia coli* K12. Nucleic Acid Res. (1998) 26: 46-49
2. Kröger, M. *Escherichia coli* K12 auf der Datenautobahn. BIOspektrum (1996) 2 (5): 34-39
3. Piechoki, R. Das berühmteste Bakterium. Aulis Verlag, Deubner und Co. KG, Köln (ISBN 3-7614-1258-4)

Dr. G. Blum-Oehler

Genomstruktur und molekulare Nachweismethoden

von G. Blum-Oehler

Zusammenfassung

Bakterien der Art *Escherichia coli* gehören neben anderen Enterobakterien zur natürlichen Darmflora des Menschen. Die verschiedenen Varianten innerhalb dieser Gruppe unterscheiden sich hinsichtlich ihres pathogenen Potentials. Zu den häufigsten Erkrankungen, die von *E.-coli*-Bakterien verursacht werden, zählen Urogenitaltraktinfektionen, Pyelonephritiden, neonatale Meningitiden sowie Durchfallerkrankungen und Sepsis.

Pathogene Varianten besitzen spezielle Virulenzfaktoren, die sowohl plasmid-, phagen- als auch chromosomal kodiert im Bakteriengenom vorliegen können. Diese kommen in apathogenen Varianten nicht vor.

Es sind verschiedene Mechanismen vorstellbar, die für die Entwicklung von pathogenen Varianten von Bedeutung sind. Mobile genetische Elemente, wie z.B. Plasmide, Bakteriophagen oder Transposons, können an ihrer Entstehung beteiligt sein. Punktmutationen, genomische Umlagerungen sowie horizontaler Gen-Transfer sind für die mikrobielle Evolution von Bedeutung. In den letzten Jahren wurden sowohl in uropathogenen als auch in anderen Enterobakterien Pathogenitätsinseln entdeckt, die ebenfalls einen wichtigen Beitrag zur genetischen Flexibilität von bestimmten bakteriellen Spezies leisten können. Dabei handelt es sich meist um große chromosomale DNA-Regionen, die für die Expression von bestimmten Virulenzfaktoren benötigte Gene tragen.

Mit Hilfe von molekulargenetischen Methoden ist es möglich, das Vorkommen von Virulenzfaktoren zu testen und so pathogene von apathogenen Varianten abzutrennen. Neben den klassischen Methoden, wie z.B. dem Nachweis von biochemischen Reaktionen, der Sero- und Phagen-Typisierung, werden dazu weitere Methoden, wie z.B. die Pulsfeld-Gelelektrophorese und verschiedene Arten von Polymerase-Kettenreaktionen, verwendet. Speziell die letztgenannten Methoden ermöglichen die Aufklärung von Infektketten und Verwandtschaftsverhältnissen sowie die Identifizierung von speziellen Bakteriengruppen und von einzelnen Isolaten.

Summary

Escherichia coli species, among other *Enterobacteriaceae*, belong to the natural human gut microflora. There is a variety of different strains in this group, which differ in their potential for pathogenicity. The most common infections caused by *E. coli* include urinary tract infections, pyelonephritis, neonatal meningitis, diarrhea and sepsis.

Pathogenic strains have specific virulence factors which can be found on plasmids, phages, or on the bacterial chromosome. They are not found in non-pathogenic strains.

There are different mechanisms which may be important for the development of pathogenic strains. Mobile genetic elements such as plasmids, bacteriophages or transposons may play a role in their development. Point mutations, genomic rearrangements, and horizontal gene transfer are significant mechanisms in microbial evolution.

In recent years pathogenicity islands, which play an important part in genetic flexibility of certain bacterial species, have been detected in uropathogenic as well as in other *Enterobacteriaceae*. These are large chromosomal DNA regions, bearing genes that are necessary for the expression of certain virulence factors.

The methods established in molecular genetics enable us to test for the occurence of virulence factors and differentiate pathogenic from non-pathogenic strains. Aside from classical methods such as biochemical reactions, sero- and phagotyping, other methods such as pulsed-field gel electrophoresis and different kinds of PCR are currently in use. These modern methods allow for the detection of infection cascades and relationship between bacterial strains, as well as for the identification of specific bacterial groups and single isolates.

Einführung

Bakterien der Art *Escherichia coli* gehören neben anderen Enterobakterien zur natürlichen Darmflora des Menschen. Seit seiner Entdeckung wurde das Bakterium *E. coli* von zahlreichen Forschergruppen intensiv untersucht. So konnte gezeigt werden, daß innerhalb dieser Gruppe verschiedene Varianten existieren, die sich hinsichtlich ihres pathogenen Potentials unterscheiden. Es treten zwei Hauptgruppen von Erregern auf, die intestinale und extraintestinale Erkrankungen hervorrufen können. Zu den häufigsten Erkrankungen, die von *E.-coli*-Bakterien verursacht werden, zählen Urogenitaltraktinfektionen, Pyelonephritiden, Neugeborenen-Meningitiden sowie Sepsis und Durchfallerkrankungen.

Pathogene *Escherichia-coli*-Varianten sind gekennzeichnet durch das Vorkommen von verschiedenen Pathogenitätsfaktoren, wie z. B. Toxinen, verschiedenen Fimbrien-Adhäsinen, Invasinen oder Kapseln. Diese Pathogenitätsfaktoren ermöglichen es ihnen, Infektionen auszulösen. Sie können sowohl plasmid- oder phagen- als auch chromosomal kodiert im Bakteriengenom vorliegen. Solche Virulenzfaktoren kommen bei apathogenen, wie z. B. *Escherichia-coli*-K12-Bakterien nicht vor.

Mechanismen der Pathogenitätsentstehung

Die Entstehung von pathogenen Varianten kann nicht genau verfolgt werden, es sind jedoch verschiedene Mechanismen bekannt, die zur Entstehung solcher Varianten beitragen können. Hierzu zählen Punktmutationen, genomische Umlagerungen sowie horizontaler Gen-Transfer. Während Punktmutationen lediglich zu einer langsamen Fortentwicklung beitragen, kann der Erwerb bzw. Verlust von größeren DNA-Abschnitten zu einer schnelleren Entstehung und Weiterentwicklung pathogener Varianten führen. Es sind deshalb auch vor allem mobile genetische Elemente, wie z. B. Plasmide, Bakteriophagen oder Transposons, die für die mikrobielle Evolution von Bedeutung sind.

Die Expressionskontrolle des Typ1-Fimbrien-Gen-Clusters liefert ein Beispiel für die reversible Umwandlung einer apathogenen in eine pathogene Variante durch genomische Umlagerung und Punktmutationen. Dieses Gen-Cluster besteht u. a. aus dem Hauptstruktur-Gen *fimA* und den beiden Regulator-Genen *fimB* und *fimE*. Zwischen dem Hauptstruktur- und den Regulator-Genen befindet sich eine sog. Switch-Region, die den Promotor für das *fimA*-Gen enthält. Die Genprodukte der beiden Regulator-Gene sind Rekombinasen und können gelegentlich eine Invertierung dieser Switch-Region bewirken, für die es also eine "On-Stellung" gibt, in der der Promotor auf das *fimA*-Gen hin orientiert ist. In der umgekehrten Orientierung kann *fimA* nicht exprimiert werden und damit werden keine Typ1-Fimbrien gebildet. Zusätzlich findet man *E.-coli*-Isolate mit Punktmutationen in dieser Switch-Region, bei denen die Fimbrien-Expression beeinflußt ist. Bei bestimmten Mutationen wird sie abgeschaltet, bei anderen ist eine Überexprimierung dieser Fimbrien-Adhäsine die Folge.

Bei der Entwicklung von pathogenen Varianten durch horizontalen Gen-Transfer spielen die sog. Pathogenitätsinseln eine besondere Rolle. Sie sind zum ersten Mal bei dem uropathogenen *E.-coli*-Stamm 536 beschrieben worden. Der *E.-coli*-Stamm 536 verfügt über verschiedene Fimbrien-Adhäsine, bildet Siderophore, Toxine und besitzt den Serotyp O6:K15. Mit einer relativ hohen Frequenz treten apathogene Varianten dieses Stammes auf, die diese Virulenzfaktoren nicht mehr exprimieren können. Die Pathogenitätsinseln in diesem Stamm werden von tRNA-Genen flankiert, und man kann feststellen, daß bei der avirulenten Mutante *E. coli* 536-21 eine spezifische Deletion dieser großen DNA-Bereiche aufgetreten ist. Das führt zur Inaktivierung von Virulenz-Gen-Clustern, die im Wildstamm aktiv vorliegen.

In den letzten Jahren wurden sowohl in uropathogenen als auch in anderen Enterobakterien solche Pathogenitätsinseln entdeckt. Es handelt sich dabei meist um große chromosomale DNA-Regionen von mindestens 30 kb, die sich in ihrem GC-Gehalt oft signifikant vom übrigen Genom unterscheiden. Sie sind häufig von bestimmten genetischen Elementen, z.B. von tRNA-Genen oder Direct Repeats, flankiert. Auch kryptische Mobilitätsgene, wie z.B. IS-Elemente, Integrasen oder Transposasen treten auf diesen Pathogenitätsinseln auf. Mit diesen Kennzeichen mobiler genetischer Elemente können die Aufnahme oder der Verlust von Pathogenitätsinseln deshalb einen wichtigen Beitrag zur genetischen Flexibilität von bestimmten bakteriellen Spezies

Strain typing methods

- **Phenotypic methods**
  - **Biotyping**
    - biochemical and immunological tests
  - **Serotyping**
  - **Bacteriophage typing**
  - **Antimicrobial susceptibility profiles**
- **Genotypic methods**
  - **Plasmid fingerprinting**
  - **RFLP analysis with DNA or RNA probes**
  - **Pulsed-field gel electrophoresis**
  - **Methods based on PCR**
    - arbitrarily primed PCR (AP-PCR)
    - randomly amplified polymorphic DNA (RAPD)
    - repetitive extragenic palindromic element-based (REP)-PCR
    - enterobacterial repetitive intergenic consensus-based (ERIC)-PCR
    - ribotyping PCR
    - multiplex PCR
    - specific PCR

Abb. 1:
Methoden der Stammtypisierung

leisten, da ihr Vorkommen zu weitreichenden Umlagerungen im Genom der Bakterien führen kann. Pathogenitätsinseln kodieren für verschiedene Virulenzfaktoren, wie an dem Stamm *E. coli* 536 gezeigt wurde. Sie tragen häufig mindestens ein Virulenz-Gen-Cluster. Pathogenitätsinseln findet man hauptsächlich in pathogenen Stämmen, nicht jedoch in weniger pathogenen oder nicht-pathogenen Stämmen.

Nachweis von Virulenzfaktoren

Nachweismethoden für Bakterienstämme kann man grob unterteilen in phänotypische und genotypische Methoden (Abb. 1). Zu den klassischen phänotypischen Methoden zählen z.B. die Bio-Typisierung, biochemische und immunologische Tests, die Sero-Typisierung und die Bakteriophagen-Typisierung.

Zu den genotypischen Methoden gehören insbesondere das Plasmid-Finger-Printing, die RFLP-Analyse mit DNA- und RNA-spezifischen Sonden, die Pulsfeld-Gelelektrophorese und zahlreiche Methoden, die auf der Polymerase-Kettenreaktion (PCR) basieren.

Mit Hilfe von molekulargenetischen Methoden ist es möglich, das Vorkommen von Virulenzfaktoren zu testen und so pathogene Bakterienstämme von apathogenen Varianten zu unterscheiden. Es sind inzwischen eine Reihe von speziellen, PCR-basierten Methoden entwickelt worden, die sich für derartige Fragestellungen als sehr hilfreich erwiesen haben, wie z.B. die AP-PCR, die Rep-PCR oder die ERIC-PCR.

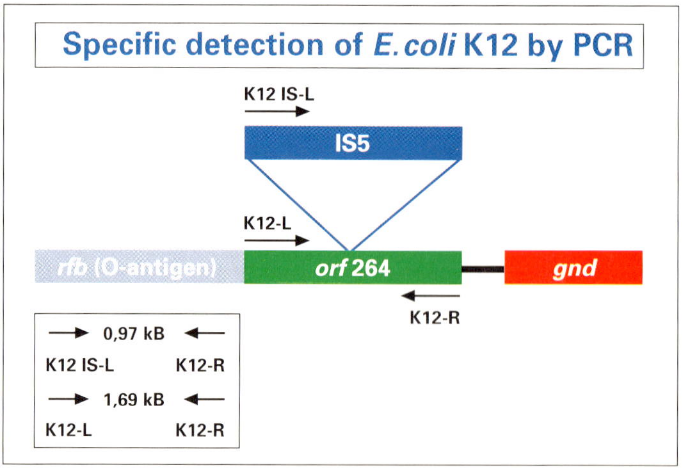

Abb. 2: Nachweis des apathogenen *E.-coli*-Stammes K12 mit Hilfe der PCR (nach Kuhnert et al. 1995)

Nachweis von apathogenen *E.-coli*-Stämmen

Auch für den Nachweis von *E. coli* K12 wurden sowohl phänotypische als auch genotypische Nachweise entwickelt. Ein Beispiel für erstere bietet ein spezifischer Bakteriophage, der nur *E.-coli*-K12-Stämme lysieren kann. Auf anderen *E.-coli*-Isolaten kann sich dieser Bakteriophage nicht vermehren.

Eine genotypische und vor allem hochspezifische Nachweismethode für *E.-coli*-K12-Stämme ist die PCR. Im *rfb*-Gen-Cluster aller K12-Stämme ist ein IS5-Element ortsspezifisch inseriert. *E.-coli*-K12-Stämme können deshalb durch Auswahl entsprechender Primer mit Hilfe einer PCR-Reaktion, die diese Position des IS5-Elements nachweist, identifiziert werden (Abb. 2). Um nun gezielt einzelne *E.-coli*-K12-Stämme voneinander unterscheiden zu können, bietet sich am besten die Pulsfeld-Gelelektrophorese an.

Mit diesen Methoden stehen nützliche Werkzeuge zur Verfügung, um *E.-coli*-K12-Stämme sicher nachweisen zu können.

Nachweis des *E.-coli*-Stammes Nissle 1917

Auch der *E.-coli*-Stamm Nissle 1917 (DSM 6601) verfügt über charakteristische phänotypische Eigenschaften. Er besitzt zwei Siderophor-Systeme, das Enterobactin- und das Aerobactin-System, und er besitzt zwei verschiedene Fimbrien-Adhäsin-Gen-Cluster, die für die Typ1-Fimbrien bzw. F1C-Fimbrien kodieren. Zudem verfügt der Stamm über den O6:K5-Serotyp (Abb. 3).

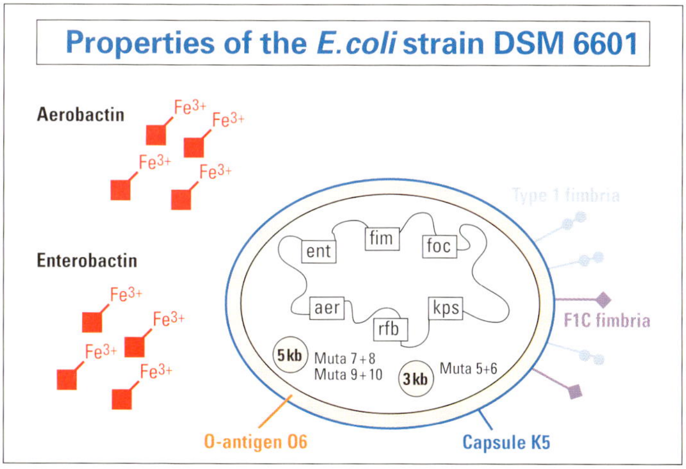

Abb. 3: Charakteristika des *E.-coli*-Stammes Nissle 1917 (DSM 6601)

Eine spezifische PCR für den *E.-coli*-Stamm Nissle 1917 (DSM 6601) basiert auf den Genen für die Haupt-Fimbrien-Untereinheiten innerhalb des Typ1- und F1C-Fimbrien-Gen-Clusters sowie auf zwei kleinen kryptischen Plasmiden, die in diesem Stamm vorkommen.

Durch die Fimbrien-spezifischen Primer-Paare für das Typ1- und F1C-Fimbrien-Gen-Cluster alleine kann keine eindeutige Abgrenzung des Stammes Nissle 1917 innerhalb der Gruppe der O6:K5-Stämme und von verschiedenen anderen Fäkal- und Umweltisolaten erreicht werden. Primer-Paare, die für das 5 kb-Plasmid spezifisch sind, ermöglichen diese Unterscheidung und zeigen auch mit verschiedenen K12-Stämmen keine Reaktion. Die verschiedenen DSM 6601-spezifischen Primer-Paare wurden so gewählt, daß sie in Zukunft auch in einer einzigen PCR-Reaktion kombiniert verwendet werden können. So kann ein stammspezifisches PCR-Muster erreicht werden, das den *E.-coli*-Stamm Nissle 1917 (DSM 6601) eindeutig charakterisiert.

Ausblick

Moderne Methoden ermöglichen die schnelle und sichere Identifizierung von speziellen Bakteriengruppen sowie von einzelnen Isolaten. Eine spezifische PCR-Reaktion erlaubt es z. B., apathogene *E.-coli*-K12-Stämme eindeutig zu identifizieren und von anderen *E.-coli*-Varianten zu unterscheiden.

Für die PCR-Identifizierung von einzelnen bakteriellen Isolaten wie dem *E.-coli*-Stamm Nissle 1917 wurden charakteristische Variationen in der DNA-Sequenz der Fimbrien-Adhäsin-Gene sowie DNA-Sequenzen von kryptischen Plasmiden genutzt.

Die PCR-Methodik ermöglicht zudem die Aufklärung von Verwandtschaftsverhältnissen und Infektketten, die eine der Grundlagen für eine gezielte Bekämpfung pathogener Keime bildet.

Dr. G. Blum-Oehler

Institut für Molekulare
Infektionsbiologie
Universität Würzburg
Röntgenring 11
D-97070 Würzburg

Literatur

1. Blum, G., Mühldorfer, I., Kuhnert, P., Frey, J., Hacker, J. Comparative methodology to investigate the presence of *Escherichia coli* K12 strains in environmental and human stool samples. FEMS Microbiol. Lett. (1996) 143: 77-82
2. Kuhnert, P., Nicolet, J., Frey, J. Rapid and accurate identification of *Escherichia coli* K12 strains. Appl. Environment. Microbiol. (1995) 61: 4135-39

Medizinisch-klinische Bedeutung von *Escherichia coli* I:
Pathogenität und Resistenz

Vorsitzende:

Prof. Dr. E. Straube

Dr. P. Kuhnert

Epidemiologie und Pathogenese der darmpathogenen *Escherichia-coli*-Stämme

H. Karch (Würzburg)

Extraintestinale Infektionen und Infektionsmechanismen

R. Marre (Ulm)

Escherichia coli: Problemkeim in der Nutztierhaltung

M. Krüger (Leipzig)

Antibiotikaresistenz: Mechanismen und Epidemiologie

B. Wiedemann (Bonn)

Prof. Dr. H. Karch

Epidemiologie und Pathogenese der darmpathogenen *Escherichia-coli*-Stämme

von H. Karch und H. Schmidt

Zusammenfassung

In pathogenetischer Hinsicht werden heute fünf Gruppen darmpathogener Kolibakterien unterschieden: 1. Enteropathogene *E. coli* (EPEC), 2. Enterotoxinbildende *E. coli* (ETEC), 3. Enteroinvasive *E. coli* (EIEC), 4. Enteroaggregative *E. coli* (EAggEC) und 5. Enterohämorrhagische *E. coli* (EHEC).

ETEC kolonisieren zunächst die Mukosa des Dünndarms mit Hilfe von Kolonisations-Faktor-Antigenen (CFA). Nach erfolgter Kolonisation bilden die Keime hitzestabile (ST) und/oder hitzelabile Enterotoxine (LT).

EAggEC lagern sich in unregelmäßigen Haufen an die Zellen an. Sie verursachen durch Bildung des plasmidkodierten hitzestabilen Enterotoxins EAST1 Durchfallerkrankungen, die häufig persistieren.

EIEC sind neben *Shigella* spp. wichtige Erreger der bakteriellen Dysenterie. Ihr Hauptpathogenitätsmerkmal liegt in der Fähigkeit, in Epithelzellen einzudringen und sich dort zu vermehren. Ein 140-MDa-Plasmid ist für die invasiven Eigenschaften verantwortlich.

EPEC kolonisieren Epithelzellen in distinkten Mikrokolonien, ein Phänomen, das als "lokalisierte Adhärenz" (LA) bezeichnet wird. Die genetische Information für die LA liegt auf dem Virulenzplasmid der EPEC.

EHEC wurden erstmals 1982 in den USA als Ursache menschlicher Erkrankungen identifiziert und sind seither weltweit nachgewiesen worden. Etwa 20% der Patienten zeigen den wäßrig-hämorrhagischen Durchfall, der als Risikofaktor für extraintestinale Komplikationen angesehen werden muß. Am häufigsten kommt es zum Vollbild des hämolytisch-urämischen Syndroms (HUS).

Landwirtschaftliche Nutztiere sind die wichtigsten Erregerreservoire für Infektionen des Menschen. EHEC sind durch eine hohe Infektiosität gekennzeichnet. Impfstoffe stehen nicht zur Verfügung, die Behandlung kann bisher nur symptomatisch durchgeführt werden.

Wichtige Pathogenitätsfaktoren der EHEC sind die zytotoxisch wirkenden Shiga-Toxine (Stx). Alle bisher charakterisierten Virulenzdeterminanten der EHEC sind mit mobilen genetischen Elementen assoziiert. Es ist wahrscheinlich, daß EHEC durch den Erwerb extrachromosomaler Elemente entstanden sind. Die ungehemmte, weltweit beobachtete Ausbreitung der EHEC läßt auf effiziente Mechanismen des horizontalen Gentransfers schließen.

Summary

According to their pathogenic properties five groups of enteropathogenic *E. coli* are differentiated today: 1. enteropathogenic *E. coli* (EPEC), 2. enterotoxic *E. coli* (ETEC), 3. enteroinvasive *E. coli* (EIEC), 4. enteroaggregative *E. coli* (EAggEC), and 5. enterohaemorrhagic *E. coli* (EHEC).

ETEC colonize the small bowel mucosa by using colonizing factor antigens (CFA). Subsequently they produce heat-stable and/or heat-labile enterotoxins (ST and/or LT, respectively).

EAggEC adhere to the cells by forming irregular clusters. They produce a plasmid-encoded heat stable enterotoxin (EAST1), and therefore induce long-lasting diarrhea.

EIEC induce bacterial dysentery just like *Shigella* spp. do. Their main pathogenic characteristic is their ability to invade and multiply in epithelial cells. A 140-MDa-Plasmid encodes the invasive properties.

EPEC colonize epithelial cells in distinct microcolonies. This phenomenon has been labelled "localized adherence" (LA). The genetic information for LA is located on the EPEC virulence plasmid.

EHEC have first been identified in the USA as cause of a human disease in 1982. They have been detected world-wide ever since. About 20% of patients show the typical watery haemorrhagic diarrhea, a risk factor for extraintestinal complications, of which the haemolytic uraemic syndrom (HUS) is the most common one. Cattle are the most important reservoir for human EHEC infections. EHEC are highly contagious. There are no vaccinations, so far only symptomatic treatment is available.

Important EHEC pathogenicity factors are cytotoxic shiga-toxins (Stx). All factors determining EHEC virulence that have so far been characterized are associated with mobile genetic elements. It seems likely that EHEC developed after uptake of extrachromosomal elements. World-wide uncontrolled spread of EHEC suggests efficient mechanisms of horizontal gene transfer.

Einleitung

Infektiöse Darmerkrankungen spielen heute ebenso wie schon zu Theodor Escherichs Zeiten eine bedeutende Rolle. Bei Kindern sind bakteriell bedingte Durchfallerkrankungen – nach respiratorischen Erkrankungen – die zweithäufigste Ursache für die Hospitalisierung. Im Jahr 1996 waren darmpathogene *Escherichia coli* die zweithäufigsten Erreger von Durchfallerkrankungen im Kindesalter nach den Salmonellen (10). Die Verbreitung erfolgt als Schmierinfektion oder über kontaminierte Lebensmittel.

Erreger	Klinik	Wirkort
EPEC	wäßrige Durchfälle (besonders bei Säuglingen)	Dünndarm
EIEC	Dysenterie mit Tenesmen	Dickdarm
ETEC	Reisediarrhoe	Dünndarm
EAggEC	wäßrige Durchfälle – Dystrophie – periumbilikale Bauchschmerzen	Dünndarm
EHEC	wäßrige, blutige Durchfälle bis zur hämorrhagischen Kolitis – Komplikation HUS (Hämolyse, Nierenversagen, Thrombopenie)	Dickdarm

Tab. 1: Erkrankungen durch darmpathogene *E. coli*

Einteilung der darmpathogenen *E. coli*

Darmpathogene *E. coli* werden in Pathogruppen unterteilt, die Durchfallerkrankungen mit unterschiedlichen klinischen Erscheinungsformen verursachen (Tab. 1). Die den Durchfall auslösenden *E. coli* werden als enteropathogene *E. coli* (EPEC), enterotoxische *E. coli* (ETEC), enteroinvasive *E. coli* (EIEC), enterohämorrhagische *E. coli* (EHEC) oder enteroaggregative *E. coli* (EAggEC) bezeichnet (18). Die Terminologie ist leider nicht einheitlich und einem ständigen Wandel unterworfen.

EPEC wurden erstmals in den 40er Jahren als Erreger der Säuglingsenteritis während eines großen Ausbruchs in Großbritannien isoliert und sind die typischen Erreger von Durchfallerkrankungen bei Säuglingen und Kleinkindern unter zwei Jahren (14). Der Durchfall ist oft wäßrig, mit bis zu 10–20 Entleerungen pro Tag. EPEC spielen heute besonders in Entwicklungsländern eine große Rolle, kommen aber auch sporadisch in den Industrienationen vor.

Die enterotoxinbildenden *E. coli* (ETEC) und die enteroinvasiven *E. coli* (EIEC) kommen in Deutschland relativ selten vor. Sie sind vor allem in Ländern der warmen Klimazonen endemisch. Beide wurden 1971 entdeckt.

Im Jahr 1982 traten in Nord-Amerika die ersten Infektionen mit enterohämorrhagischen *E. coli* (EHEC) auf (5). Sie sind nach heutiger Kenntnis, im Gegensatz zu den übrigen darmpathogenen *E.-coli*-Stämmen, die wir nur beim Mensch finden, und deren Übertragung beispielsweise durch fäkal kontaminiertes Gemüse oder durch Schmierinfektion erfolgt, als Zoonosenerreger einzustufen.

Infektionen mit enteroaggregativen *E. coli* (EAggEC) sind die Hauptursache für das Auftreten persistierender Durchfallerkrankungen bei Kindern in Entwicklungsländern, aber auch in Deutschland wurden die Keime relativ häufig isoliert. EAggEC werden durch ihre besondere Art der Adhärenz an humane Epithelzellinien charakterisiert, die als aggregative Adhärenz bezeichnet wird (18).

Virulenzfaktoren darmpathogener *E. coli*

Die Zuordnung klinischer Isolate zu den *E.-coli*-Pathogruppen erfolgte in früheren Jahren hauptsächlich durch Serotypisierung (13). Das Aufkommen molekularbiologischer Techniken machte einen erweiterten Einblick in pathogenetische Zusammenhänge möglich. Dabei zeigte sich, daß die Serotypisierung alleine ein unzureichendes Merkmal für die Zuordnung zu den entsprechenden Pathogruppen darstellt. Ein Grund hierfür liegt darin, daß die Gene für zahlreiche Pathogenitätsfaktoren auf mobilen genetischen Elementen lokalisiert sind und somit durch horizontalen Gentransfer auf *E. coli* anderer Serovare übertragen werden können. Die sicherere Identifizierung und Klassifizierung erfolgt heute durch den molekularbiologischen Nachweis der bakteriellen Virulenz- und Pathogenitätsfaktoren, möglichst im Zusammenhang mit phänotypischen Merkmalen. Im folgenden werden die pathogenetischen Eigenschaften der einzelnen Gruppen der darmpathogenen *E. coli* vorgestellt.

Ein Charakteristikum der molekularen Pathogenese der EPEC ist die Kolonisierung von Epithelzellen in distinkten Mikrokolonien, ein Phänomen, das als "lokalisierte Adhärenz (LA)" bezeichnet wird. Die genetische Information für die LA liegt auf dem Virulenzplasmid der EPEC. Die Fähigkeit der EPEC, an Darmepithelzellen zu adhärieren, die Zerstörung des Mikrovillisaumes zu verursachen und in die Signaltransduktion dieser Zellen einzugreifen, wird vom Locus of enterocyte effacement (LEE) gesteuert, einer 35.4 kb großen Pathogenitätsinsel im EPEC-Chromosom. Der LEE kann in 3 funktionell unterschiedliche Bereiche eingeteilt werden. Ein TypIII-Sekretionssystem sorgt sowohl für den Transport der Esp-Proteine (*E. coli* secreted proteins) aus der Zelle und in die eukaryontische Zelle als auch für den Transport des "translocated intimin receptors". Das *tir*-Gen liegt neben dem *eae*-Gen im Mittelteil der Pathogenitätsinsel. Das Tir-Protein ist der von EPEC synthetisierte Rezeptor für das Intimin. Dieser wird in die Membran der Darmepithelzellen plaziert. Das äußere Membranprotein Intimin (kodiert vom *eae*-Gen) interagiert mit dem Tir in der Membran der eukaryontischen Zelle (11, 18).

ETEC kolonisieren zunächst die Mukosa des Dünndarms mit Hilfe von Kolonisations-Faktor-Antigenen (CFA). Hierbei wird, im Gegensatz zu EPEC-Infektionen, die Ultrastruktur der Bürstensaummembran der Enterozyten nicht zerstört. Nach erfolgter Kolonisation bilden die Keime hitzestabile Enterotoxine (ST) und/oder hitzelabile Enterotoxine (LT). Verschiedene Kombinationen dieser Pathogenitätsfaktoren sind vermutlich für das breite Spektrum der ETEC-Erkrankungen verantwortlich (18).

EIEC sind neben *Shigella* spp. wichtige Erreger der bakteriellen Dysenterie. Häufige Stuhlentleerungen, die mit starken Bauchschmerzen einhergehen und die in eine Dysenterie übergehen können, bei der der Patient unter Tenesmen blutig-schleimige Stühle absetzt, charakterisieren dieses Krankheitsbild. Das Hauptpathogenitätsmerkmal der EIEC liegt in der Fähigkeit, in Epithelzellen einzudringen und sich dort zu vermehren. Die Fähigkeit zur Epithelzellinvasion wird von zahlreichen Genen auf einem ca. 140 MDa großen Plasmid (pInv) determiniert.

EAggEC werden durch ihre besondere Art der Adhärenz an humane Epithelzellinien charakterisiert, die als aggregative Adhärenz bezeichnet wird. Hierbei lagern sich die Bakterien in unregelmäßigen Haufen an die Zellen oder Objektträger an. EAggEC verursachen durch Bildung des plasmidkodierten hitzestabilen Enterotoxins EAST1 Durchfallerkrankungen, die häufig persistieren. Darüber hinaus produzieren sie Fimbrien, mit deren Hilfe das typische Adhärenzmuster, die enteroaggregative Adhärenz, ausgebildet wird. Sie haben ein 90 kb großes Plasmid, das mit den Plasmiden der ETEC und der enterohämorrhagischen *Escherichia coli* keine Ähnlichkeiten aufweist (18).

Zur Diagnostik der enteroaggregativen *Escherichia coli* sind bis jetzt drei verschiedene Verfahren beschrieben worden. In Japan werden die Stämme identifiziert, indem man Flüssigkulturen inkubiert, und dann beobachtet, ob ein Kahmhäutchen gebildet wird. Ein sehr aufwendiges Verfahren, mit dem man früher gearbeitet hat, ist der Zell-Adhärenz-Test mit Hep-2-Zellen. Dabei müssen unter Umständen 20 bis 30 Kolonien bezüglich ihrer Adhärenz untersucht werden (17).

Inzwischen hat man die Gensonde pCVD432 aus Sequenzen des Virulenz-Plasmids der EAggEC konstruiert, um diese Stämme zuverlässiger zu identifizieren. Diese Gensonde wurde sequenziert und eine PCR etabliert (22). Diese PCR hat in etwa die gleiche Sensitivität wie die Hybridisierungsreaktion. Dadurch können allerdings nicht alle Stämme erfaßt werden, aber als Screening-Verfahren ist sie gut geeignet.

Epidemiologie der Erkrankungen durch enteroaggregative *E. coli*

Das klinische Spektrum der Erkrankungen durch EAggEC variiert. Neben akuten wäßrigen Durchfällen stellt sich in einigen Fällen ein chronischer Durchfall ein. Weiterhin klagen viele Patienten über periumbilikale Bauchschmerzen (24).

In einer Studie, die in Zusammenarbeit mit den beiden Würzburger Kinderkliniken durchgeführt wurde, konnte bei 2% der an Durchfall erkrankten Kinder (n = 798) eine Infektion mit enteroaggregativen *Escherichia-coli*-Stämmen nachgewiesen werden. Als Kontrollgruppe dienten 580 Kinder, die auch hospitalisiert waren, aber keinen Durchfall hatten, und die in etwa das gleiche Alter und Geschlecht hatten.

Interessant an dieser Studie war, daß nur 4 der 16 Infektionen aus Entwicklungsländern eingeschleppt wurden. Die anderen Erkrankungen sind offensichtlich in Deutschland erworben worden. Das bedeutet also, daß enteroaggregative *E. coli* bei uns in Deutschland vorkommen und als Infektionserreger einer Rolle spielen. Dabei sind die Erreger teilweise mehrere Monate lang in Stuhlproben nachweisbar.

Für die Klinik ist die Existenz multiresistenter Stämme, die antibiotisch nicht mehr zu behandeln sind, von großer Bedeutung. Viele der enteroaggregativen *Escherichia coli* tragen Mehrfachresistenzen z.B. gegenüber Gentamicin, Tetracyclin, Co-trimoxazol, aber auch Streptomycin und Chloramphenicol.

Erkrankungen durch EHEC – Klinik und Epidemiologie

EHEC wurden erstmals 1982 in den USA als Ursache menschlicher Erkrankungen identifiziert und sind seither weltweit nachgewiesen worden. Sie repräsentieren eine Untergruppe der Shiga-Toxin-produzierenden *Escherichia coli* (8). Diese Stämme, sie werden auch als STEC oder als Vero-Toxin-produzierende *E. coli* (VTEC) bezeichnet, finden wir in der Natur relativ häufig. Als Untergruppe, die in der Lage ist, blutige Durchfallerkrankungen oder ein hämolytisch-urämisches Syndrom (HUS) zu verursachen, können wir die EHEC klinisch abgrenzen. Weitere Unterscheidungsfaktoren sind zusätzliche plasmidkodierte Virulenzfaktoren, wie z.B. ein RTX-Toxin.

Die meisten Darmerkrankungen verlaufen als wäßriger Durchfall, oftmals assoziiert mit kolikartigen Bauchschmerzen. Etwa 20 Prozent der Patienten zeigen die namengebende Symptomatik des wäßrig-hämorrhagischen Durchfalls, der als Risikofaktor für extraintestinale Komplikationen angesehen werden muß. Am häufigsten (in 1 bis 10 Prozent der Fälle) kommt es zum Vollbild des HUS (2, 23).

Verlaufsbeobachtungen aus den USA zeigen, daß die Prognose des HUS insgesamt nicht gut ist. Nur bei einem Drittel der Patienten heilt die Krankheit aus. 5 Prozent der Patienten versterben, weitere 10,3 Prozent entwickeln spätestens nach 30 Monaten eine terminale Niereninsuffizienz. Ein Drittel der Patienten trägt eine chronische Niereninsuffizienz davon, die ebenfalls in eine terminale Niereninsuffizienz übergehen kann. Eine häufige Komplikation ist weiterhin ein bleibender Bluthochdruck.

Das EHEC-Geschehen ist durch eine deutliche Ausweitung des Erregerspektrums gekennzeichnet. Neben Stämmen der Serogruppe O157 (O157:H7, O157:H-) wurden gehäuft auch andere Serogruppen (O26, O111, O103) bei Patienten mit HUS nachgewiesen (2).

Nach heutiger Kenntnis sind landwirtschaftliche Nutztiere die wichtigsten Erregerreservoire für Infektionen des Menschen. Besonders bei Rindern, Ziegen und Schafen sind EHEC nachgewiesen worden, die identisch mit Isolaten vom Menschen sind (1). EHEC wurden aus Rohmilch und Fleischproben isoliert. In den letzten Jahren wurden EHEC-Stämme auch aus Kotproben von Krähenvögeln, Gänsen und verwilderten Stadttauben angezüchtet. Die tatsächliche Bedeutung dieser Tiere als Erregerreservoir bleibt allerdings noch zu klären.

Dieses sehr breite Wirtsspektrum des Erregers trägt sicherlich zu seiner raschen Verbreitung bei. Aus Japan wurde berichtet, daß nicht nur *Salmonella typhi* und bestimmte Shigellen durch Fliegen übertragen werden können, sondern daß auch EHEC im Darm von Insekten mindestens 1 Woche persistieren und diese den Erreger bis zu 5 Kilometer weit tragen. Folglich ist es auch nicht erstaunlich, daß wir bei EHEC ein breites Spektrum an möglichen Infektionsquellen haben. Fleischpastete, Salami und Mettwurst waren mit Ausbrüchen assoziiert, ebenso wie nicht-pasteurisierter, frisch gepreßter Apfelsaft. Möglich ist auch die Übertragung durch Badewasser und über kontaminiertes Trinkwasser (7).

Trotz des ausgeprägten pathogenen Potentials von EHEC und der Tatsache, daß vormals antibiotikasensible Stämme sich nun als resistent erweisen, lassen sich für Deutschland nur für den bayerischen Raum epidemiologische Daten erfassen, dank der dort eingeführten Meldepflicht. Die bisher gemeldeten EHEC-Infektionen liegen sicherlich deutlich unter den tatsächlichen Infektionszahlen, da einerseits nicht jede Infektion ein therapeutisches Vorgehen verlangt und andererseits nicht alle Labors den Erregernachweis führen können.

EHEC – Virulenzfaktoren und Nachweismethoden

EHEC kommen in Deutschland in zwei Hauptgruppen vor, die man aufgrund der Sorbit-Reaktion unterscheiden kann. Der nordamerikanische Prototyp der nicht-sorbitfermentierenden Stämme (O157:H7) kommt auch in Deutschland vor (2,12).

Eine epidemiologische Studie aus Erlangen hat gezeigt, daß dieser nordamerikanische Stamm seit zwei Jahren durch andere Stämme ersetzt worden ist, die den Zuckeralkohol Sorbit fermentieren können. Es sind dies unbewegliche O157-Stämme, aber auch andere Serogruppen, zum Beispiel O26 oder O103. Mit den üblichen diagnostischen Methoden kann man in manchen Kollektiven keine EHEC nachweisen, weil diese sorbitfermentierenden Stämme von der physiologischen Darmflora nicht zu unterscheiden sind. Die sorbitfermentierenden *E. coli* treten hauptsächlich im Frühjahr auf, während die nicht-sorbitfermentierenden in den Sommermonaten vorkommen (2).

Als wichtige Pathogenitätsfaktoren der EHEC wurden die sogenannten Shiga-Toxine (Stx) identifiziert, die früher als Verotoxine oder Shiga-like-Toxine bezeichnet wurden. Diese Toxine besitzen rRNA-*N*-Glykosidase-Aktivität und hemmen somit die Proteinbiosynthese der Zelle. Sie wirken zytotoxisch auf eine Vielzahl eukaryontischer Zellen, die einen spezifischen Glykosphingolipid-Rezeptor exprimieren (19).

Die Gene für Stx1 und Stx2 sind in den bisher untersuchten Stämmen im Genom temperenter, lambdoider Bakteriophagen lokalisiert, während der Ursprung der *stx2c*-Gene noch unklar ist. Der Prophage kann induziert werden. Die Induktion erfolgt zum Beispiel über UV-Strahlung oder über bestimmte Kanzerogene. Sie kann aber auch durch bestimmte Antibiotika in subinhibitorischer Konzentration erfolgen. Nur wenn dieser Phage induziert ist, wird das Toxin in größerer Menge gebildet (6, 19).

Der für EPEC typische LEE wurde auch bei den meisten EHEC-Stämmen gefunden. Nahezu alle klinischen EHEC-Isolate tragen darüber hinaus ein ca. 90 kb großes Plasmid (pO157) (15). Als plasmidkodierte Faktoren konnten ein RTX-Toxin, eine bifunktionelle Katalase-Peroxidase (sogenanntes EHEC-Hämolysin, ein sehr potentes Zytolysin mit etwa 60 Prozent Homologie zum α-Hämolysin), und eine Serin-Protease identifiziert werden. Die Protease spaltet u.a. den Koagulationsfaktor V. Diese Proteine sind typisch für EHEC-Stämme und konnten bisher in keinem der anderen *E.-coli*-Pathovare nachgewiesen werden (3, 4, 20, 21).

Neben dem 90-kb-Plasmid kommt bei EHEC-Stämmen gelegentlich ein ca. 6.6 kb großes Plasmid vor, welches die genetische Information für die Produktion eines Kolizins enthält. Darüber hinaus können Stämme kleinere Plasmide tragen, die entweder für Kolizine oder für Antibiotikaresistenzen kodieren (9).

Alle bisher charakterisierten Virulenzdeterminanten der EHEC sind mit mobilen genetischen Elementen assoziiert (Insertionssequenzen, Transposons, Bakteriophagen, Plasmide, Pathogenitätsinseln). In den meisten Fällen unterscheiden sich diese Determinanten vom Rest des Chromosoms durch einen unterschiedlichen GC-Gehalt, die enge Assoziation mit Insertionssequenzen oder tRNA-Genen und auch durch ihre Instabilität (3, 4, 20, 21).

Ausblick – epidemiologische Entwicklung

EHEC sind durch eine hohe Infektiosität gekennzeichnet, die bei familiären und institutionellen Ausbrüchen zu sekundärer Ausbreitung von Mensch zu Mensch geführt hat.

Impfstoffe zur Prävention der Infektion stehen nicht zur Verfügung, die Behandlung der EHEC-Infektionen kann bisher nur symptomatisch durchgeführt werden. 11% der EHEC-Stämme, die in diesem Jahr isoliert wurden, sind resistent gegenüber mehreren Antibiotika-Gruppen. Vor 10 Jahren waren die meisten Stämme noch sensibel.

Über die epidemiologische Situation von EHEC-Infektionen gibt es in Deutschland nur in Bayern zuverlässige Angaben. Nach einer Häufung von Krankheitsfällen in den Wintermonaten 95/96 wurde eine erregerbezogene Meldepflicht erlassen. Seit Beginn dieser Meldepflicht wurden in Bayern 526 EHEC-Infektionen registriert. Diese Erkrankungen stellen nur die Spitze eines Eisbergs dar, weil nicht alle Labors in der Lage sind, diese Erreger zuverlässig zu identifizieren, und weil nicht alle Fälle so schwer verlaufen, daß ein Arzt aufgesucht werden muß. Die Fälle sind interessanterweise auf ganz Bayern verteilt. Es gibt keine Häufung oder ein epidemisches Auftreten einer Gruppe.

Solche Daten können nur durch adäquate Verwendung molekularbiologischer Methoden zum Nachweis von Virulenzfaktoren erhalten werden, so daß wir heute *Escherichia coli* nicht mehr aufgrund seiner Serogruppen definieren, sondern aufgrund seiner Virulenzfaktoren.

Es ist wahrscheinlich, daß EHEC durch den Erwerb extrachromosomaler Elemente entstanden sind, die ihnen einen Selektionsvorteil gegenüber der physiologischen Darmflora verschaffen und zugleich für ihre Pathogenität verantwortlich sind. Die ungehemmte, weltweit beobachtete Ausbreitung der EHEC läßt auf effiziente Mechanismen des horizontalen Gentransfers schließen.

Wie dynamisch das Geschehen in der *Escherichia-coli*-Szene ist, zeigt ein neu entdeckter EHEC-Stamm, der die für EHEC typische Klinik auslöst. Er besitzt das Shiga-Toxin, aber ihm fehlt die Pathogenitätsinsel sowie das typische EHEC-Virulenz-Plasmid. Als Besonderheit weist er eine enteroaggregative Adhärenz auf (16). Allerdings läßt sich bei diesem Stamm das Virulenzplasmid der EAggEC nachweisen. Somit ist dieser Stamm wohl eine Mischung aus einem enteroaggregativen *Escherichia coli* und einem enterohämorrhagischen *Escherichia coli*.

Dieser Stamm kann entstanden sein, indem ein Shiga-Toxin-produzierender Stamm das enteroaggregative Virulenzplasmid aufgenommen hat, oder aber indem ein enteroaggregativer *Escherichia-coli*-Stamm den Toxin-konvertierenden Bakteriophagen aufgenommen hat. Die zugrundeliegenden Mechanismen müssen noch geklärt werden.

Prof. Dr. H. Karch

Institut für Hygiene
und Mikrobiologie
der Universität Würzburg
Josef-Schneider-Straße 2
D-97080 Würzburg

Literatur

1. Beutin, L., Geier, D., Zimmermann, S., Karch, H. Virulence markers of Shiga-like toxin-producing *Escherichia coli* strains originating from healthy domestic animals of different species. J. Clin. Microbiol. (1995) 33: 631-35
2. Bockemühl, J., Karch, H., Tschäpe, H. Infektionen des Menschen durch enterohämorrhagische *Escherichia coli* (EHEC) in Deutschland, 1996. Bundesgesundhbl. (1997) 6: 194-97
3. Brunder, W., Schmidt, H., Karch, H. KatP, a novel catalase-peroxidase encoded by the large plasmid of enterohemorrhagic *Escherichia coli* O157:H7. Microbiology (1996) 142: 3305-15
4. Brunder, W., Schmidt, H., Karch, H. EspP, a novel extracellular serine protease of enterohemorrhagic *Escherichia coli* O157:H7 cleaves human coagulation factor V. Mol. Microbiol. (1997) 24: 767-78
5. CDC Isolation of *E. coli* O157:H7 from sporadic cases of hemorrhagic colitis – United States. MMWR (1982) 34: 581-85
6. Datz, M., Janetzki-Mittmann, C., Franke, S., Gunzer, F., Schmidt, H., Karch, H. Analysis of the enterohemorrhagic *Escherichia coli* O157 DNA region containing lambdoid phage gene *p* and Shiga-like toxin structural genes. Appl. Env. Microbiol. (1996) 62: 791-97
7. Feng, P. *Escherichia coli* serotype O157:H7: novel vehicles of infection and emergence of phenotypic variants. Emerg. Infect. Dis. (1995) 1: 47-52
8. Griffin, P.M., Tauxe, R.V. The epidemiology of infections caused by *Escherichia coli* O157: H7, other enterohemorrhagic *E. coli*, and the associated hemolytic uremic syndrome. Epidemiol. Rev. (1991) 13: 60-98
9. Hofinger, C., Karch, H., Schmidt, H. Structure and function of plasmid pColD157 of enterohemorrhagic *Escherichia coli* O157 and its distribution among strains from patients with diarrhea and hemolytic uremic syndrome. J. Clin. Microbiol. (1998) 36: (in press)
10. Huppertz, H.I., Busch, D., Schmidt, H., Aleksic, S., Karch, H. Diarrhea in young children associated with *Escherichia coli* non-O157 organisms that produce Shiga-like toxin. J. Pediatr. (1996) 128: 341-46
11. Kaper, J.B. EPEC delivers the goods. Trends Microbiol. (1998) 6: 169-72
12. Karch, H., Böhm, H., Schmidt, H., Gunzer, F., Aleksic, S., Heesemann, J. Clonal structure and pathogenicity of Shiga-like toxin-producing, sorbitol-fermenting *Escherichia coli* O157:H-. J. Clin. Microbiol. (1993) 31: 1200-05
13. Levine, M.M. *Escherichia coli* that cause diarrhea: enterotoxigenic, enteropathogenic, enteroinvasive, enterohemorrhagic, and enteroadherent. J. Infect. Dis. (1987) 155: 377-89
14. Levine, M.M., Edelman, R. Enteropathogenic *Escherichia coli* of classic serotypes associated with infant diarrhea: epidemiology and pathogenesis. Epidemiol. Rev. (1984) 6: 31-51
15. Levine, M.M., Xu, J.G., Kaper, J.B., Lior, H., Prado, V., Tall, B., Nataro, J., Karch, H., Wachsmuth, K. A DNA probe to identify enterohemorrhagic *Escherichia coli* of O157:H7 and other serotypes that cause hemorrhagic colitis and hemolytic uremic syndrome. J. Infect. Dis. (1987) 156: 175-82
16. Morabito, S., Karch, H., Mariani-Kurkdjian, P., Schmidt, H., Minelli, F., Bingen, E., Caprioli, A. Enteroaggregative, Shiga toxin-producing *Escherichia coli* O111:H2 associated with an outbreak of hemolytic uremic syndrome. J. Clin. Microbiol. (1998) 36: 840-42
17. Nataro, J.P. Enteroaggregative and diffusely adherent *Escherichia coli*. In: Blaser M.J., Smith, P.D., Ravdin, J.I., Greenberg, H.B., Guerrant, R.L. (Eds.) Infections of the gastrointestinal tract. Raven Press Ltd., New York (1995): 727-37
18. Nataro, J.P., Kaper, J.B. Diarrheagenic *Escherichia coli*. Clin. Microbiol. Rev. (1998) 11: 142-201
19. O'Brien, A.D., Holmes, R.K. Shiga and Shiga-like toxins. Microbiol. Rev. (1987) 51: 206-20
20. Schmidt, H., Beutin, L., Karch, H. Molecular analysis of the plasmid-encoded hemolysin of *Escherichia coli* O157:H7 strain EDL 933. Infect. Immun. (1995) 63: 1055-61
21. Schmidt, H., Henkel, B., Karch, H. A gene cluster closely related to type II secretion pathway operons of gram-negative bacteria is located on the large plasmid of enterohemorrhagic *Escherichia coli* O157 strains. FEMS Microbiol. Lett. (1997) 148: 265-72
22. Schmidt, H., Knop, C., Franke, S., Aleksic, S., Heesemann, J., Karch, H. Development of PCR for screening of enteroaggregative *Escherichia coli*. J. Clin. Microbiol. (1995) 33: 701-5
23. Tarr, P.I. *Escherichia coli* O157:H7: clinical, diagnostic, and epidemiological aspects of human infection. Clin. Infect. Dis. (1995) 20: 1-8
24. Wanke, C.A. Enteropathogenic and enteroaggregative strains of *Escherichia coli*: clinical features of infection, epidemiology, and pathogenesis. Curr. Clin. Top. Infect. Dis. (1995) 15: 230-52

Prof. Dr. R. Marre

Extraintestinale Infektionen und Infektionsmechanismen

von R. Marre

Zusammenfassung

Escherichia coli ist ein Leitkeim vieler Infektionen, bei denen sich der Infektionserreger aus der enteralen Standortflora rekrutiert und über natürliche Eintrittspforten (z.B. Gallengang, Pankreasgang, Harnwege) lokale Infektionen verursacht, die zu einer Sepsis führen können. Sonderfälle von *E.-coli*-Infektionen stellen die neonatale Meningitis und die *E.-coli*-Sepsis bei leukopenischen Patienten dar. Bei diesen Krankheitsbildern kommt es zu einer Sepsis, nachdem *E.-coli*-Bakterien die intakte Darmbarriere überwunden haben.

Pathomechanismen von *E. coli* bei extraintestinalen Infektionen sind insbesondere für die neonatale Meningitis und für Harnwegsinfektionen bei Kindern genauer untersucht worden. Für diese beiden Krankheitsbilder ist das Bild der *E.-coli*-Pathotypen verhältnismäßig einheitlich. Bei Urosepsis-Stämmen von internistischen und urologischen Patienten repräsentieren dagegen nur noch bis zu 2/3 aller Isolate "typische" *E.-coli*-Stämme.

Ex-vivo-Untersuchungen an komplexeren Zellverbänden aus der intakten Darmmukosa belegen, daß enteropathogene Bakterienspezies zwar durch die Darmwand translozieren, uropathogene oder apathogene Stämme diese Fähigkeit jedoch nicht haben.

Aufgrund der weit entwickelten molekularen und biologischen Verfahren gibt es inzwischen eine detaillierte Vorstellung von Infektionsmechanismen von *E. coli*. Die seit langem bekannten Eigenschaften der Hämagglutination, Hämolysinbildung und Serumresistenz von *E. coli* konnten in ihrer erheblichen Bedeutung für die Virulenz durch moderne Methoden bestätigt werden. Hämagglutinine tragen zur Adhärenz an Zellkulturzellen bei, Hämolysine lösen eine rasche Zerstörung von Zielzellen aus.

Das Hauptziel, nämlich auf der Basis dieser Kenntnisse Konzepte der verfeinerten mikrobiologischen Diagnostik und Prävention einer *E.-coli*-Infektion zu entwickeln, ließ sich jedoch für *E.-coli*-Stämme bei extraintestinalen Infektionen noch nicht erreichen.

Summary

Escherichia coli is responsible for many infections in which bacterial infestation originates from the intestinal flora, causing localized infections by using natural doorways (e.g. bile duct, pancreatic duct, urinary tract) and possibly leading to sepsis. In this context, neonatal meningitis and *E. coli* sepsis in leucopenic patients represent exceptional cases, because here sepsis occurs after *E. coli* have crossed the intact mucosal barrier.

Pathomechanisms of extraintestinal *E. coli* infections have been further investigated in neonatal meningitis and children's urinary tract infections. *E. coli* pathotypes accounting for both syndromes are relatively uniform. In comparison, strains leading to urosepsis in internal and urological patients represent "typical" *E. coli* isolates in not more than 2/3 of the cases.

Ex-vivo investigations in complex tissues from the intact intestinal mucosa show that enteropathogenic bacterial species may translocate through the intestinal wall, whereas uropathogenic or non-pathogenic strains cannot do so.

Due to highly developed molecular and biological techniques a detailed idea of the infection mechanisms used by *E. coli* now exists. The properties of haemagglutination, haemolysin formation and serum resistance have been known for a long time. Their great importance for virulence has been confirmed by modern methods. Haemagglutinins contribute to adherence to cell cultures, whereas haemolysins lead to rapid destruction of target cells.

The main goal, which is to develop concepts of improved microbiological diagnostics and prevention of *E. coli* infections based upon this knowledge, has not yet been achieved for *E. coli* strains causing extraintestinal infections.

Einführung

Im Darm befinden sich nicht nur apathogene Bakterien, sondern auch potentiell pathogene Keime. Diese sind lediglich durch die Darmwand, die nur wenige Millimeter dick ist, von den sterilsten Bereichen unseres Körpers getrennt.

Obwohl das Abwehrsystem im allgemeinen perfekt funktioniert, können hin und wieder Keime der fäkalen Flora Ausgangspunkt für endogene Infektionen werden. In den Fäzes stellen pathogene *E.-coli*-Bakterien eine Minorität dar, aber trotz ihrer Seltenheit gehören sie zu den wichtigsten Erregern extraintestinaler Infektionen.

Diese pathogenen *E.-coli*-Stämme sind Leitkeime vieler Infektionen, bei denen sich der Infektionserreger aus der enteralen Standortflora rekrutiert und über natürliche Eintrittspforten (z.B. Gallengang, Pankreasgang, Harnwege) lokale Infektionen verursacht, die zu einer Sepsis führen können.

Bei bestimmten Krankheitsbildern, beispielsweise bei der neonatalen Meningitis oder bei einer *E.-coli*-Sepsis leukopenischer Patienten, überwinden die pathogenen Stämme die für apathogene Bakterien undurchlässige Darmbarriere. Inwieweit dieser Infektionsweg auch bei anderen Patientenkollektiven von Bedeutung ist, ist ungeklärt.

Extraintestinale Infektionen: Klinisches Bild

Die häufigsten extraintestinalen Infektionen durch pathogene *E. coli* sind Harnwegsinfektionen. Das klinische Bild reicht von einer asymptomatischen Bakteriurie über eine Zystitis oder Pyelonephritis bis hin zur Urosepsis. Bei den Harnwegsinfekten sind Wirtsfaktoren, beispielsweise anatomische Faktoren wie Obstruktion oder Prostata-Hypertrophie, besonders wichtig. Bei Harnwegsinfektionen, die außerhalb der Klinik erworben werden, sind in über 90% der Fälle pathogene *E.-coli*-Bakterien nachweisbar. Auch an intraabdominalen Infektionen wie der Cholezystitis, Pankreatitis, Peritonitis oder Appendizitis sind *E.-coli*-Bakterien meist mitbeteiligt.

Ein wesentlich selteneres, trotzdem aber wichtiges Krankheitsbild ist die Meningitis oder die Sepsis bei Neugeborenen, die in etwa einem Viertel bis einem Drittel aller Fälle durch *E.-coli*-Pathotypen hervorgerufen wird.

Die Sepsis wird in nahezu 30% aller Fälle durch *E. coli* verursacht. Damit beinhaltet die Art *Escherichia coli* neben den für die normale Verdauungsfunktion unverzichtbaren Stämmen auch die wichtigsten und virulentesten Erreger, die wir im Organismus haben.

Infektionsmechanismen und Virulenzfaktoren

Aufgrund der weit fortgeschrittenen Entwicklung molekularer und biologischer Verfahren gibt es inzwischen eine detaillierte Vorstellung von den Infektionsmechanismen pathogener *E.-coli*-Stämme.

Am Beispiel der experimentellen Pyelonephritis ist die Bedeutung einiger Virulenzfaktoren für den Infektionsverlauf eingehend studiert worden. Bakterielle Einzelfaktoren (Hämolysine, Adhäsine) beeinflussen das Infektionsgeschehen nur geringgradig (1, 2). Experimentell verursachte Mutationen in Genen, die den molekularen Cross-Talk unterbrechen, führen zu einem drastischen Virulenzverlust; ihre Rekomplementation bringt eine Virulenzzunahme mit hohen renalen Keimzahlen (3).

Pathomechanismen von *E. coli* bei extraintestinalen Infektionen sind insbesondere für die neonatale Meningitis und für Harnwegsinfektionen bei Kindern intensiv untersucht worden. Für diese beiden Krankheitsbilder ist das Bild der *E.-coli*-Pathotypen verhältnismäßig einheitlich. Der Einheitlichkeit der Pathotypen liegt vermutlich eine Gleichartigkeit wirtstypischer Bahnungsfaktoren zugrunde. Die Pathotypen bei der neonatalen Meningitis sind durch das Vorhandensein bestimmter O-Antigene (O1, O7, O18), K-Antigene (K1) und Adhäsine (S-Fimbrien) charakterisiert (4, 5). Hämolysine kommen dagegen bei diesen Erregern nicht vor, P-Fimbrien finden wir nur ausnahmsweise. Obwohl diese Bakterien sich erheblich von anderen Stämmen unterscheiden, können auch sie ihren Ursprung in der fäkalen Flora haben. Infektionsquelle für die Neugeborenen sind im Regelfall jedoch *E.-coli*-Stämme aus der mütterlichen Vaginalflora.

Bei Urosepsis-Stämmen internistischer und urologischer Patienten repräsentieren nur noch weniger als 2/3 aller Isolate solche "typischen" *E.-coli*-Stämme. Das Spektrum der O- und K-Antigene ist breiter; diese Stämme besitzen überwiegend P-Fimbrien und produzieren Hämolysine. Sie sind beweglich, aszendieren über die Urethra, und aufgrund ihres Adhärenzapparates können sie sich an Urothelien verankern (6). Über eine kontinuierliche Kolonisierung können sie weiter aufsteigen. Die größere Heterogenität der *E.-coli*-Stämme resultiert vermutlich aus der größeren Vielfalt wirtstypischer Bahnungsfaktoren bei Erwachsenen.

Bereits sehr früh in der Ära der Bakteriologie durchgeführte In-vitro-Untersuchungen zeigten die Eigenschaften der Hämagglutination, der Hämolysinbildung und der Serumresistenz und waren damit Grundlage für die Pathogenitätsforschung.

Arbeiten an Zellkulturen konnten belegen, daß Hämagglutinine zur Adhärenz an Körperzellen beitragen. Bei uropathogenen *E.-coli*-Stämmen ist die Bindung an Uro-Epithelien als wichtiger, wenn auch nicht als alleiniger Virulenzfaktor identifiziert worden (7).

Die Adhärenzregionen von Adhäsinen sind abhängig von einzelnen Aminosäuren. Werden in einem Adhäsin durch Veränderung des S-Adhäsin-Gens nur einzelne Aminosäuren ausgetauscht, verändert sich die Adhärenzfähigkeit dieser Bakterien sofort dramatisch. Durch eine einzelne ortsspezifische Mutation an Position 116 oder 118 wird beispielsweise bei einem Stamm mit intakten S-Fimbrien die Adhärenz an Tubulus-Epithelzellen drastisch verringert (8).

Es besteht ein sehr fein aufeinander abgestimmtes Verhältnis zwischen den Bakterien, ihren Adhärenzeigenschaften und den Epithelien (Abb. 1). Auf der Wirtszellseite können Rezeptoren definiert werden, die von den Fimbrien mit ihren Adhäsinen spezifisch erkannt und nach dem Schlüssel-Schloß-Prinzip besetzt werden. Diese Rezeptoren auf der Membran der Wirtszelle unterscheiden sich je nach Organsystem, ein Grund für die Organspezifität bestimmter Pathotypen.

Fimbrien können über ihre Adhärenz-vermittelnde Eigenschaft hinaus an extrazelluläre Matrixsubstanzen binden und damit die nächste Station des Eindringens vorbereiten. Sie können Plasminogen immobilisieren und über die Plasminaktivierung eine Degradation von Laminin oder Fibronektin verursachen; sie können Prokollagenase aktivieren und damit die Epithelschicht überwinden. Weiterhin können sie Infektabwehrmechanismen induzieren und Leukozyten zur Sekretion von Interleukinen anregen.

Hämolysine lösen eine rasche Zerstörung der Zielzellen (Erythrozyten) aus. Diese Eigenschaft ist seit 80 Jahren bekannt. Bei uropathogenen *E.-coli*-Stämmen ist eine Hämolysin-Produktion häufig nachweisbar. Die Erreger lysieren allerdings nicht nur Erythrozyten, sondern auch Epithelzellen. Wenn die Bakterien über ihren Adhärenzapparat an Epithelzellen binden, können sie das Hämolysin konzentriert einwirken lassen. In einer Zellkultur-Schicht können Hämolysin-bildende Bakterien innerhalb von einer Stunde sämtliche Zellen abtöten, ein Hinweis auf die Aggressivität solcher *E.-coli*-Stämme.

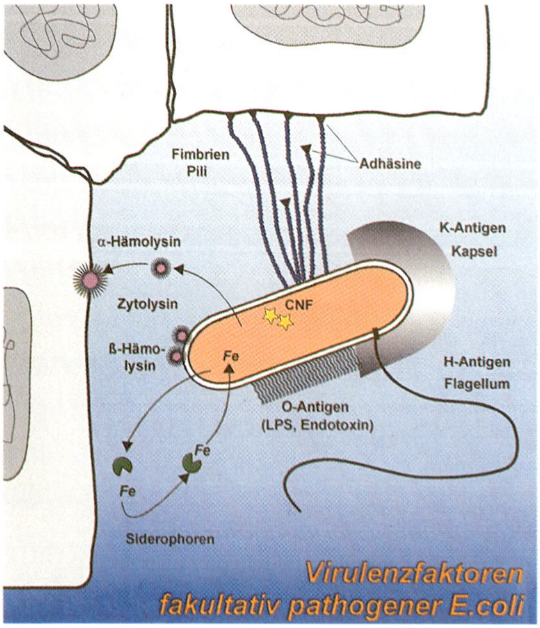

Abb. 1:
Virulenzfaktoren
fakultativ pathogener *E. coli*

Resümee

Intraabdominale *E.-coli*-Infektionen, wie z. B. eine Peritonitis, intraabdominale Abszesse oder eine nekrotisierende Pankreatitis sind zwar von großer klinischer Relevanz, die molekularen mikrobiellen Vorgänge sind jedoch nur lückenhaft bekannt. Erreger-Reservoir ist in den meisten Fällen die Darmflora des Patienten.

Es ist vorstellbar, daß die pathogenen Stämme eher als apathogene *E. coli* in der Lage sind, die Darmepithel-Barriere, die zusätzlich mit Schleim abgedeckt ist, zu überwinden. Hierbei spielen Wirtsfaktoren (Obstruktion, Leukopenie, Sepsis) eine wichtige Rolle.

Durch die Expression von Adhäsinen entstehen Mikro-Kolonien. Diese können sich ausbreiten, und die Bakterien können von Epithelien internalisiert werden. Es ist weiterhin denkbar, daß diese anschließend die Epithelzellen durchwandern, in die Blutbahn geraten und mit Hilfe der Serumresistenz dem Komplement-Angriff entgehen.

Viele klinische Faktoren können dazu beitragen, daß pathogene Bakterien durch die Darmwand translozieren, also ihr normales Habitat im Darm verlassen, ohne daß eine Perforation vorliegt. Nach Knochenmarksübertragungen, bei Aids, Verbrennungserkrankungen, Pankreatitis, bei polytraumatisierten Patienten und beim Neugeborenen werden solche Translokationen vermutet (9, 10, 11, 12, 13).

Ein Hauptziel der *E.-coli*-Pathogenitätsforschung ist es, Konzepte zur Prävention und zur verfeinerten mikrobiologischen Diagnostik einer Infektion mit pathogenen *E.-coli*-Stämmen zu entwickeln. Dieses Ziel ist noch in weiter Ferne. Die *E.-coli*-Pathogenitätsforschung hat uns jedoch wichtige Einsichten in die molekularen Abläufe bei extraintestinalen *E.-coli*-Infektionen vermitteln können.

Prof. Dr. R. Marre

Institut für Mikrobiologie
und Immunologie
Universität Ulm
Robert-Koch-Straße 8
D-89081 Ulm

Literatur

1. Marre, R., Hacker, J., Henkel, W., Goebel, W. Contribution of cloned virulence factors from uropathogenic *Escherichia coli* strains to nephropathogenicity in an experimental rat pyelonephritis model. Infect. Immun. (1987) 51: 761-67
2. Hacker, J., Hof, H., Emödy, L., Goebel, W. Influence of cloned *Escherichia coli* hemolysin genes, S-fimbriae and serum resistance on pathogenicity in different animal models. Microb. Pathog. (1986) 1: 533-47
3. Susa, M., Kreft, B., Wasenauer, G., Ritter, A., Hacker, J., Marre, R. Influence of cloned tRNA genes from uropathogenic *Escherichia coli* strains on adherence to primary human renal tubular epithelial cells and nephropathogenicity in rats. Infect. Immun. (1996) 64: 5390-94
4. Selander, R.K., Korhonen, T.K., Väisänen-Rhen, V., Williams, P.H., Pattison, P.E., Caugant, D.A. Genetic relationships and clonal structure of strains of *Escherichia coli* causing neonatal septicemia and meningitis. Infect. Immun. (1986) 52: 213-22
5. Korhonen, T.K., Valtonen, M.V., Parkinnen, J., Väisänen-Rhen, V., Finne, J., Orskov, F., Orskov, I., Svenson, S.B., Mäkelä, P.H. Serotypes, hemolysin production and receptor recognition of *Escherichia coli* strains associated with neonatal sepsis and meningitis. Infect. Immun. (1985) 48: 486-91
6. Hacker, J., Schrettenbrunner, A., Schröter, G., Düvel, H., Schmidt, G., Goebel, W. Characterization of *Escherichia coli* wild-type strains by means of agglutination with antisera raised against cloned P-, S-, and MS-fimbriae antigens, hemagglutination, serotyping and hemolysin production. Zbl. Bakt. Hyg. (1986) 261: 219-31
7. Hacker, J. Genetic determinants coding for fimbriae and adhesins of extraintestinal *Escherichia coli*. Curr. Topics Microbiol. Immunol. (1990) 151: 1-27
8. Marre, R., Kreft, B., Hacker, J. Genetically engineered S and F1C fimbriae differ in their contribution to adherence of *Escherichia coli* to cultured renal tubular cells. Infect. Immun. (1990) 58: 3434-37
9. Wells, C.L., Maddaus, M.A., Simmons, R.L. Proposed mechanisms for the translocation of intestinal bacteria. Rev. Infect. Dis. (1988) 10: 958-79
10. Wells, C.L., Jechorek, R.P., Gillingham, K.J. Relative contributions of host and microbial factors in bacterial translocation. Arch. Surg. (1991) 128: 247-52
11. Reed, L.L., Martin, M., Manglano, R., Newson, B., Kocka, F., Barrett, J. Bacterial translocation following abdominal trauma in humans. Circulatory Shock (1994) 42: 1-6
12. Mainous, M.R., Tso, P., Berg, R.D., Deitch, E.A. Studies of the route, magnitude, and time course of bacterial translocation in a model of systemic inflammation. Arch. Surg. (1991) 126: 33-37
13. Gautreaux, M.D., Deitch, E.A., Berg, R.D. Bacterial translocation from the gastrointestinal tract to various segments of the mesenteric lymph node complex. Infect. Immun. (1994) 62: 2132-34

Prof. Dr. M. Krüger

Escherichia coli: Problemkeim in der Nutztierhaltung

von M. Krüger

Zusammenfassung

Der Darm von landwirtschaftlichen Nutztieren wird postpartal sehr frühzeitig mit *E.-coli*-Keimen besiedelt. Nur ein relativ kleiner Teil der bisher bekannten Serovare ist in der Lage, intestinale und extraintestinale Erkrankungen auszulösen. Im Vordergrund stehen enteritische Infektionen, Septikämien, Harnwegsinfektionen und Mastitiden. Diese Erkrankungskomplexe sind insbesondere bei Jungtieren von Bedeutung.

Für den Ausgang der Infektion ist das bakterielle Endotoxin, syn. Lipopolysaccharid (LPS), entscheidend. Sowohl bei invasiven als auch bei nichtinvasiven Erkrankungsformen muß der Makroorganismus mit freigesetztem LPS in Kontakt treten. In Abhängigkeit von der Menge des in die Zirkulation gelangten LPS werden pathophysiologische Prozesse in Gang gesetzt, die mit Fieber, Leukopenie, Thrombozytopenie, Koagulopathien und Komplementaktivierung einhergehen und bis zum Endotoxinschock und Multiorganversagen führen können.

Milchkühe aus Hochleistungsherden mit Laktationsleistungen von über 9 000 l/Laktation werden mit hochkonzentrierten, kohlenhydrat-, eiweiß- und fettreichen, strukturarmen Futtermitteln gefüttert. Diese fördern die Proliferation von Enterobakterien im Dickdarm der Tiere und erhöhen so die LPS-Last. Zusätzlich ist im Futter LPS enthalten. Durch bestimmte Futtermittel, besonders Biertreber, Maissilagen und Rapsschrote, treten in Milchviehherden eine ganze Reihe von Erkrankungen auf, die in Beziehung zu freiem Endotoxin stehen (z.B. Labmagenverlagerung, Blinddarmerweiterung, Mastitiden, u.a.).

In der Trockenstehzeit vor dem Partus führt eine rohfaserarme, kraftfutterreiche Ration bei der Hochleistungskuh zum Auftreten von freiem LPS in der Zirkulation. LPS, das in dieser Trockenstehzeit nicht wie in der Phase der Laktation mit der Milch ausgeschieden werden kann, wird im Tierkörper angereichert. Unter der Geburt auftretende Ischämien des Darmes werden als Ursache von LPS- und Bakterien-Translokationen angesehen. Bei Milchkühen ist ein korrelativer Zusammenhang zwischen der Höhe der präpartalen LPS-Konzentration im Blut und der Besiedlungsintensität von Uterus und Euter nachzuweisen.

Summary

The intestine of live-stock is colonized by *E. coli* directly after birth. Only very few of the serotypes known so far are able to induce intestinal and extraintestinal infections. Enteritic infection prevails, as well as septicaemia, urinary tract infection and mastitis. These particularly affect young stock.

The outcome of the infection depends on the bacterial endotoxin, or lipopolysaccharide (LPS). The macroorganism must face LPS with invasive as well as with non-invasive diseases. Depending on the concentration of circulating LPS, pathophysiological processes are induced which lead to fever, leucopenia, thrombopenia, coagulopathy, and activation of complement, and may eventually result in endotoxin-induced shock and multi-organ failure.

Dairy cattle from high performance herds with an output of over 9 000 l/lactational period are fed on highly concentrated, high in protein, carbohydrate, and fat but almost fibre-free feed. This promotes proliferation of *Enterobacteriaceae* in the animals' colons, thus raising the LPS load. Moreover, the feed itself contains LPS. Certain feeds, such as spent hops, corn silage, or rape wholemeal lead to a number of diseases in dairy cattle, which are connected to free endotoxin (e.g. rennet shift, extension of the caecum, mastitis).

During the period before delivery, when the cow is not milked, concentrated feed low in fibre leads to free LPS in the circulation of a high performance cow. At this point LPS cannot be excreted with the milk, and is thus accumulated in the animal's body. Ischemia occuring during a delivery is believed to set off LPS and bacterial translocation. In dairy cattle, the pre-partum LPS blood level correlates with the degree of colonization of uterus and udder.

Einführung

E.-coli-bedingte Erkrankungen spielen bei Jungtieren im Nutztierbereich eine bedeutende Rolle. Ihr Darm wird postpartal schon sehr frühzeitig mit *E.-coli*-Keimen besiedelt. Die Mehrzahl der bisher bekannten Serovare – sie umfassen ein Repertoire von 173 O-, 80 K- und 56 H-Antigenen – gehört zu den harmlosen Saprophyten. Nur ein relativ kleiner Teil ist in der Lage, intestinale und extraintestinale Erkrankungen auszulösen.

Im Vordergrund dieser Erkrankungen stehen enteritische Infektionen wie Diarrhöen, Harnwegsinfektionen und Mastitiden. Bei Jungtieren treten, insbesondere wenn sie nicht mit kolostralen Antikörpern versorgt werden, auch Septikämien in nicht geringer Zahl auf. *E. coli* ist im Nutztier- und im Kleintierbereich immer noch der Haupt-Septikämie-Erreger.

Die Mehrzahl der *E.-coli*-Isolate aus Tieren besitzt eine aus Polysacchariden bestehende Mikrokapsel, einige O-Gruppen, z.B. 8, 9, 20, 64 und 101, bilden Kapseln.

Bedeutung des Endotoxins für die Pathophysiologie

Unter Vernachlässigung aller bekannten Virulenzfaktoren, die für die Entstehung der genannten Erkrankungen von Bedeutung sind, steht eine Komponente des Erregers für den Ausgang der Infektion im Vordergrund, das bakterielle Endotoxin, auch Lipopolysaccharid (LPS) genannt. Die Endotoxämie ist keine eigenständige Erkrankung, sie ist die Folgeerscheinung einer bestehenden Grunderkrankung bzw. Belastung des Organismus. Endotoxin-assoziierte Erkrankungen des Rindes sind durch Translokationsprozesse vom Magen-Darm-Trakt aus bedingt.

Sowohl bei den invasiven Erkrankungsformen als auch bei mit einer Schädigung der Darmschleimhaut einhergehenden Erkrankungen muß der Makroorganismus mit der Bakterienoberfläche bzw. mit freigesetztem LPS in Kontakt treten. Mensch und Tier müssen immer mit Endotoxin-Translokationen in sehr geringen Mengen leben. Im Prinzip ist der Körper gut in der Lage, mit Endotoxin umzugehen. Es gibt eine Vielzahl von inaktivierenden und komplexierenden Strukturen, die dafür sorgen, daß anflutendes Endotoxin nicht schaden kann.

Es sind insbesondere die Lipoproteine, die Endotoxin komplexieren und für eine vorübergehende Zeit neutralisieren. Chylomikronen haben eine ähnliche Funktion, ebenso das Serum-Albumin, aber auch Anti-LPS-Antikörper, die man sehr gut messen kann. Die alkalische Phosphatase ist das einzige Enzym im Körper von Mensch und Tier, das in der Lage ist, Endotoxin zu detoxifizieren. C-reaktives Protein ist in der Lage, Endotoxin zu binden.

Das LPS-bindende Protein hat zwei Funktionen. Es transportiert LPS in großen Mengen zu den Lipoproteinen (HDL). Über einen zweiten Weg bringt es Endotoxin zum sekretorischen oder zum membranständigen CD14 von Phagozyten, in denen ein entsprechendes Zytokin-Signal ausgelöst wird.

Obwohl die oben erwähnten Erkrankungskomplexe (Enteritiden, Septikämien) insbesondere bei Jungtieren von Bedeutung sind, spielen in der Tierproduktion unter den Bedingungen der Hochleistung (Milch- und Ansatzleistung) die nicht infektiösen, Endotoxin-assoziierten Erkrankungen eine weitaus größere Rolle.

Endotoxämie: Pathophysiologie

In Abhängigkeit von der Menge des in die Zirkulation gelangten LPS werden pathophysiologische Prozesse in Gang gesetzt, die mit Fieber, Leukopenie, Thrombozytopenie, Koagulopathien und Komplementaktivierung einhergehen und bis zum Endotoxinschock und Multiorganversagen führen können.

Es kommt bei der Endotoxämie zu einer Aktivierung des Herz-Lungen-Kreislaufs und des Gerinnungssystems, und es kommt zur massiven Freisetzung von Entzündungsmediatoren und Zytokinen. Darüber hinaus werden Kinine, Katecholamine und Glukokortikoide freigesetzt.

Endotoxin ist in der Lage, unspezifisch mit den Membranen zu interagieren. Dadurch kann es zur Schädigung der Zellmembranen bis hin zur Schädigung der Mitochondrien kommen. Letzteres bedeutet einen hohen Energieverlust für die jeweiligen Zellsysteme.

Die Endotoxämie geht einher mit einer Freisetzung von Sauerstoffradikalen und greift massiv in den Fettstoffwechsel ein, indem die Lipoproteinlipase-Aktivität und die Leber-Triglycerid-Lipase-Aktivität herunterreguliert werden. So wird eine Hyperlipidämie ausgelöst. Durch die Reduzierung der LDL-Rezeptoren werden Lipoproteine nicht mehr in die Leber transportiert. In der Zirkulation steigen Triglyceride, VLDL und LDL an.

In den Kupfferschen Sternzellen, den Makrophagen der Leber, werden Mediatoren initiiert, insbesondere Tumor-Nekrose-Faktor (TNFα) und Interleukin-1. Unter TNF-Einflutung kommt es zu massiven Fetteinlagerungen in die Leber. Durch Interleukin-1 wird die Aktivität der Glukose-6-Phosphat-Dehydrogenase vermindert, ebenso wie die Fettsäuresynthese und das Detoxifizierungssystem über Glutathion.

Eine Endotoxämie endet, wenn sie nicht korrigiert wird, als akute, nicht mehr zu kompensierende Verbrauchsreaktion. Es resultiert der irreversible letale Schock.

Bedeutung der Fütterung für die Endotoxin-Belastung

Der menschliche Magen-Darm-Trakt beherbergt ungefähr 10 Gramm reines Endotoxin, der der Kuh mindestens 30 bis 50 Gramm. Entscheidend für die Endotoxin-Belastung ist aber auch, wieviel Endotoxin eine Kuh mit einer Futterration aufnimmt. Täglich sind es etwa 5 Gramm, wobei die Fütterung einen ganz wesentlichen Einfluß auf die Endotoxin-Translokation besitzt.

Unter den Verbrauchern ist wenig bekannt, daß die Milchmenge einer Kuh über konzentrierte Futtermittel erkauft werden muß. Milchkühe aus Hochleistungsherden mit Laktationsleistungen von über 9 000 l/Laktation werden mit hochkonzentrierten, strukturarmen Futtermitteln gefüttert. Man entfernt sich dabei immer mehr von einer tierartgerechten Ration. Eine Kuh, die als Wiederkäuer in großen Mengen Rauhfaser fressen muß, erhält durch die modernen Futterrationen nur sehr wenig davon. Die kohlenhydrat-, eiweiß- und fettreiche Ration fördert in hohem Maße die Proliferation von Enterobakterien im Dickdarm der Tiere. Diese LPS-Last wird noch in Abhängigkeit von der im Futter enthaltenen LPS-Menge verstärkt. Bestimmte Futtermittel, besonders Biertreber, Maissilagen und Rapsschrote, stehen in enger Beziehung zu Erkrankungen, die mit dem Nachweis größerer Mengen freien Endotoxins im Blut der Tiere verbunden sind. In Milchviehherden treten in Beziehung zu freiem Endotoxin folgende Erkrankungen auf:

- Pansenazidose
- Labmagenverlagerung
- Blinddarmerweiterung
- Dermatitis digitalis
- Schenkelphlegmone
- Endometritiden
- Mastitiden
- Diarrhöen
- erhöhte Jungtiermorbidität und -mortalität

Endotoxin-Ausscheidung

Endotoxin wird teils in aktiver, teils in partiell dekontaminierter Form ausgeschieden. Die Ausscheidung erfolgt mittels Makrophagen, über die Lunge und über den Darm, und zwar vermittelt über die Gallenflüssigkeit.

Große Mengen an Endotoxin finden sich in der Milch von Kühen. Auch hier kommt der größte Teil des Endotoxins zellassoziiert vor. Die Endotoxin-Belastung der Milch steht in enger Beziehung zu bestimmten Fütterungsregimen, wie beispielsweise hefehaltigem Biertreber.

In der Stallhaltungsperiode werden in der Regel konzentrierte Futtermittel eingesetzt. Sowohl in bakteriell kontaminierten als auch in nicht bakteriell kontaminierten Milchproben ist dadurch die Endotoxin-Konzentration gegenüber dem Weidegang, wo weniger konzentriert gefüttert wird, viel höher.

Untersucht man die Milch gesunder Tiere, subklinisch erkrankter Tiere, und verpackte Milch, wie sie im Einzelhandel erhältlich ist, so sieht man, daß Rohmilch, aber auch die Milch, die zum Verbraucher gelangt, mit erheblichen Endotoxin-Mengen belastet ist. Besonders hohe Werte treten offenbar unter Rapsschrot-Fütterung auf. In der Kolostralmilch ist der Anteil des meßbaren Endotoxins demgegenüber wesentlich geringer.

Spezielle Probleme der Peripartalzeit

Als Hauptquelle der Endotoxin-Translokation steht der Darm im Mittelpunkt des therapeutischen Interesses Endotoxin-assoziierter Erkrankungen bei Rindern. Eine der Hauptursachen für Translokationsprozesse sind die Ischämien. Gerade Ischämien führen am Darm zum Ansteigen von Leukotrien B4, Prostaglandin E_2 und Stickstoffmonoxid. Solche Ischämien werden durch hypovolämischen Schock, Verbrennungen, multiple Verletzungen, Traumen, größere Operationen und hauptsächlich durch Geburten induziert. Eine weitere wichtige Ursache der Translokationen sind Schädigungen der Darmbarriere, die allergisch oder auch durch pathogene Mikroorganismen induziert werden können.

Die Milchproduktion des Rindes ist wie bei allen Säugern unmittelbar mit dem Reproduktionsprozeß verbunden. Der Geburtszeitraum stellt für Rinder einen äußerst kritischen Zeitraum dar. Besonders die letzten 6–8 Wochen vor dem Partus stehen bei der Hochleistungskuh in enger Beziehung zu den postpartalen Ereignissen. Eine rohfaserarme, kraftfutterreiche Ration führt auch in dieser Zeit zum Auftreten freien Endotoxins in der Zirkulation.

In der Trockenstehzeit vor dem Partus fehlt die Möglichkeit, LPS mit der Milch auszuscheiden. Folglich wird LPS im Tierkörper angereichert.

Postpartal treten bei Kühen (30–50%) und Erstkalbinnen (bis 80%) Fieberreaktionen auf. Die Ursachen dafür wurden anfangs in erhöhten Konzentrationen an freiem LPS zum Zeitpunkt des Fieberns vermutet. Dieser Zusammenhang war bei den untersuchten Tieren nicht herzustellen (Tab. 1). Vielmehr wurde in zwei nachfolgenden Studien festgestellt, daß die präpartale Endotoxin-Konzentration im Blutplasma in enger korrelativer Beziehung (r = 0,64) zur Besiedlung des Euters und Uterus mit Bakterien am ersten Tag p.p. steht, die Ursache für postpartale Euterentzündungen und Endometritiden ist (Tab. 2). Fieberreaktionen waren bei diesen Tieren signifikant häufiger festzustellen.

Nr. der Studie	Tierzahl	Endotoxin a. p.	in pg/ml 1-5 d p. p. Max. wert	Fieber p. p. ja/nein
I	10	–	12,7 (1/10) 3. d	ja
	0	–	–	nein
II	10	19 ± 12	29 ± 13 3. d	ja
	10	15 ± 8	19 ± 13 2. d	nein
III	10	31 ± 27	46 ± 42 2. d	ja
	10	29 ± 26	29 ± 17 5. d	nein

Tab. 1:
Prä- und postpartaler Gehalt an freiem Endotoxin im Plasma von Kühen in Beziehung zur postpartalen Fieberreaktion

Nr. der Studie	n	Fieber + i. Ø	Endotoxin in pg/ml a. p.	Keim-gruppe	Index der bakt. Unters. 1 d p.p.[2)]				
					Blut	Lochien	Milch	Pansen-inhalt	Kot
I	10	+		Staph./Str. Sporenb.	2	–	–	–	
II	8	+	19 ± 12	Staph./Str.	–	17	15	–	–
				Kolif.	–	15	3	–	–
	8	Ø	15 ± 8	Staph./Str.	–	5,5	3,5	–	–
				Kolif.	–	0	0,5	–	–
III	10	+	31 ± 27	Staph./Str.	2 [1)]	20	18	5 [1)]	1 [1)]
				Kolif.	0 [1)]	21	7	–	–
	10	Ø	29 ± 26	Staph./Str.	3 [1)]	4	6	9 [1)]	1 [1)]
				Kolif.	0 [1)]	0,5	0	–	–

[1)] bezieht sich nur auf *S. aureus* [2)] ergibt sich aus der Häufigkeit der gefundenen grampositiven Kokken in den Lochien bzw. in allen besiedelten Eutervierteln

Tab. 2: Beziehung zwischen dem klinischen Befund Fieber, dem präpartalen freien LPS-Gehalt im Blutplasma und dem bakteriologischen Befund ausgewählter Substrate bei Kühen

Mittels PCR konnten bei je einer Erstkalbin und Kuh wenigstens von zwei Lokalisationen genetisch identische *Staphylococcus-aureus*-Isolate nachgewiesen werden (Tab. 3).

Tier-Nr.	Substrat Blut	Lochien	Euter
9701	x [1)]	x	–
5279	0	0	0

[1)] gleiche Symbole für identische Stämme

Tab. 3: Nachweis der genetischen Identität von *S.-aureus*-Isolaten am Beispiel von 2 Tieren mittels PCR

Die bei nicht fiebernden Tieren in der Zirkulation (Tab. 2) nachgewiesenen Staphylokokken (Studie III) belegen, daß für den Umgang mit translozierten Mikroorganismen unter der Geburt die immunologische Reaktivität der Tiere von Bedeutung ist. Die fieberfreien Tiere waren durch die reakive Bildung von signifikant höheren Anti-Lipoid-A-IgG-Antikörpertitern besser in der Lage, die translozierten Bakterien abzufangen.

Bedeutung von Translokationsprozessen für extraintestinale Erkrankungen

Die bisherige Lehrmeinung ist, daß beispielsweise Infektionen des Euters nicht von innen im Rahmen von Translokationsprozessen erfolgen, sondern von außen über den Strichkanal. Neuere Untersuchungen belegen jedoch, daß bei bestimmten Erkrankungskomplexen wie Mastitiden und Endometritiden Translokationsprozesse aus dem Verdauungstrakt für die Induktion eine Rolle spielen. Bei Milchkühen ist ein korrelativer Zusammenhang zwischen der Höhe der präpartalen LPS-Konzentration im Blut und der Besiedlungsintensität von Uterus und Euter nachzuweisen. Je höher die Endotoxin-Anflutung in der Trockenstehzeit ist, um so schlechter sind die Clearance-Mechanismen nach der Geburt.

Unter der Geburt werden, durch die Ischämie des Magen-Darm-Traktes und natürlich durch die Belastung vor der Geburt, Translokationsprozesse eingeleitet, an denen pathogene Bakterien und Endotoxin beteiligt sind. Diese Translokationsprozesse sind dann letztendlich wie bei den schon erwähnten intestinalen Komplikationen die Ursache dafür, daß z. B. Endometritiden, aber auch Mastitiden auftreten können.

Resümee

E.-coli-bedingte Erkrankungen treten bei Nutztieren und kleinen Haustieren überwiegend im Jungtieralter auf. Im Vordergrund der Erkrankung stehen Diarrhöen und Septikämien. Bei erwachsenen Tieren sind durch *E. coli* verursachte Harnwegsinfektionen, Endometritiden und Mastitiden von Bedeutung.

Unabhängig von der Erkrankungsform kommt es zum Übertritt freien Endotoxins in die Zirkulation. Herkunft und Menge des Endotoxins sowie die Kapazität an komplexierenden, neutralisierenden und detoxifizierenden Strukturen im Tierkörper entscheiden über den Grad der pathophysiologischen Auslenkung aus der Homöostase.

Bei Hochleistungskühen führt das strukturarme, kohlenhydrat-, eiweiß- und fettreiche Futter zu schweren Störungen des ökologischen Gleichgewichts der Darmflora. Der Digestionstrakt ist die hauptsächliche Quelle für Endotoxin- und Bakterien-Translokationsprozesse. Bei Schädigung der Darmbarriere durch Ischämien und entzündliche Veränderungen sowie durch Einschränkung der Leberfunktion tritt freies Endotoxin in der Zirkulation auf.

Frischabkalber und Kühe reagieren häufig nachgeburtlich mit Fieber. Fiebertiere weisen vorgeburtlich höhere Konzentrationen freien Endotoxins und nach der Geburt signifikant häufiger eine mikrobielle Besiedlung von Uterus und Euter auf. Unter der Geburt kommt es zu Translokationsprozessen von besiedelten Hohlorganen in die Zirkulation, in die Endotoxin und Bakterien involviert sind.

Prof. Dr. M. Krüger

Institut für Bakteriologie und Mykologie
Veterinärmedizinische Fakultät
Universität Leipzig
Margarete-Blank-Straße 8
D-04103 Leipzig

Literatur

1. Boosmann, R. The influence of calving and puerperium on clinical and puerperium on clinical and histopathologic changes associated with laminitis and sole ulceration in a group of first-calving cows. J. Vet. Med. (1990) A37: 513-19 (ISBN 0931-185X)
2. Green, M.J., Green, I.E., Cripps, P.J. Low bulk milk somatic cell counts and endotoxin-associated (toxic) mastitis. Vet. Record (1996) 138: 305-6
3. Hurley, J.C. Endotoxemia. Methods of detection and clinical correlates. Clin. Microbiol. Rev. (1995): 268-92
4. Janosi, S., Huszenicza, G., Kulcsar, M., Korodi, P. Endocrine and reproductive consequences of certain endotoxin-mediated diseases in farm mammals – A Review. Acta Veterinaria Hungarica (1998) 46: 71-84
5. Krüger, M., Röpke, M. Bakterielle Endotoxine – Ursachen für Erkrankungen bei Tieren. In: Endotoxinassoziierte infektiöse und nichtinfektiöse Erkrankungen bei Tieren. Leipzig (1997): 7-12 (ISBN 3-00-002283-X)
6. Liao, W., Florèn, C.-H. Hyperlipidemic response to endotoxin – part of the host-defence mechanism. Scand. J. Infect. Dis. (1993) 25: 675-82
7. Liao, W. Endotoxin: Possible roles in initiation and development of atherosclerosis. J. Lab Clin. Med. (1996) 128: 452-60
8. Motoi, Y., Oohashi, T., Hirose, H., Hiramatsu, M., Miyazaki, S., Nagasawa, S., Takahashi, J. Turbidimetric-kinetic assay of endotoxin in rumen fluid or serum of cattle fed rations containing various levels of rolled barley. J. Vet. Med. Sci. (1993) 55: 19-25
9. Schromm, A.B., Brandburg, K., Rietschel, E.Th., Seydel, U. Do endotoxin aggregates intercalate into phospholipid membranes in a non-specific, hydrophobic manner? Journal of Endotoxin Research (1995) 2: 313-23

Prof. Dr. B. Wiedemann

Antibiotikaresistenz: Mechanismen und Epidemiologie

von B. Wiedemann

Zusammenfassung

Seit den ersten therapeutischen Erfahrungen nach der Entdeckung des Penicillins wissen wir, daß die Erreger von Infektionskrankheiten durch den Einsatz von antimikrobiell wirkenden Chemotherapeutika Resistenzen entwickeln können. Die Zahl resistenter Bakterien schien nach einer Studie der Paul-Ehrlich-Gesellschaft von 1975 bis 1986 nicht mehr zu steigen. Erst neue Untersuchungen zeigen z.B. beinahe eine Verdoppelung der Oxacillin-resistenten *Staphylococcus-aureus*-Stämme von 1990 bis 1995. Auch die Aminoglykosid-Resistenz steigt in erheblichem Maße an.

In den Krankenhäusern spielen solche Bakterien eine zunehmende Rolle, die vor 20 Jahren meist als Besiedler, aber nicht als Krankheitserreger angesehen wurden. Diese Erreger werden aufgrund ihrer natürlichen Resistenz durch die hochpotenten Antibiotika selektiert und können das fast bakterienfreie Terrain der Körperoberflächen bei schwerkranken Patienten besiedeln. U.a. als Folge der Fortschritte in der Intensiv- und Transplantationsmedizin macht sich bei diesen Patientengruppen die zunehmende Anfälligkeit für Infektionen durch solche Bakterien deutlich bemerkbar.

Vielfältige genetische Mechanismen stehen Bakterien zur Entwicklung, Optimierung und Verbreitung von Resistenz-Genen zur Verfügung. Chromosomal kodierte Gene werden durch Mutationen optimiert. Dabei kann für eine klinisch wirksame Resistenz die Mutation in mehreren Genen notwendig sein. Viele solcher Gene können mobil werden, indem Integrons gebildet werden, die wiederum in Transposons integriert werden können. Wenn die Transposons Bestandteil von konjugativen oder nicht-konjugativen Plasmiden werden, können die entsprechenden Resistenz-Gene auch horizontal auf unterschiedliche Spezies übertragen werden.

Für die Verbreitung der Resistenz kommt der klonalen Ausbreitung der Gene mit einzelnen Bakterienklonen eine wesentlich höhere Bedeutung zu als molekularen Mechanismen. Ohne den Selektionsdruck durch den Antibiotikaeinsatz hätte die Ausbreitung der Resistenz-Gene keine Chance, denn nur durch lang anhaltenden selektiven Vorteil in den entsprechenden Biozönosen können resistente Bakterien sich in ausreichendem Maße etablieren.

Summary

First therapeutic experiences after the discovery of penicillin have already told us that infective agents may develop resistance on application of antimicrobial substances. The number of resistant bacteria seemed to remain constant between 1975 and 1986, according to a study of the Paul-Ehrlich-Association. However, current studies reveal a two-fold increase in oxacillin-resistant *Staphylococcus aureus* strains between 1990 and 1995. Resistance to aminoglycosides shows a considerable rise as well.

In hospitals, such bacteria become increasingly important, which 20 years ago would have been considered to be colonizers rather than pathogens. These pathogens are selected by potent antibiotics due to their natural resistance and may colonize the almost germfree body surfaces of severely ill patients. Due to progress in intensive care and transplantation medicine, these groups of patients are highly susceptible to infections.

Various genetic mechanisms allow bacteria to develop, optimize, and spread resistance genes. Genes encoded by the bacterial chromosome are optimized through mutations. Mutations affecting several genes may be a prerequisite for clinical relevance. Many of these genes gain mobility through the forming of integrons which are integrated into transposons. If transposons become a part of conjugative or non-conjugative plasmids, resistance genes may also spread horizontally among different species.

Clonal spreading of genes via single bacterial clones is of much greater significance than molecular mechanisms. Without the selective pressure of application of antibiotics, resistance genes have no chance of spreading. Spreading can only be brought about by continuous selective advantages which help resistant bacteria to establish themselves in a given biozoenosis.

Einführung

Der Darmtrakt ist Sitz von 400 bis 500 verschiedenen Bakterien-Spezies. Bei jedem Menschen kann man gleichzeitig etwa 5 bis 20 verschiedene Serotypen von *Escherichia coli* nachweisen. Die ökologischen Beziehungen der Darmflora sind jedoch nicht auf den Darm begrenzt, sondern es existiert ein reger Austausch mit der belebten und unbelebten Umwelt.

Die Ökologie der Darmflora kann man nicht isoliert vom Antibiotikaeinsatz betrachten. Antibiotika werden seit geraumer Zeit verwendet und bedeuten einen weiteren Streßfaktor für das Zusammenleben der Mikroorganismen. Sie führen zu einer empfindlichen Störung des ökologischen Gleichgewichts der Darmflora. Seit den ersten therapeutischen Erfahrungen nach der Entdeckung des Penicillins ist zudem bekannt, daß die Erreger von Infektionskrankheiten durch den Einsatz von antimikrobiell wirkenden Chemotherapeutika Resistenzen entwickeln können.

Mechanismen der Resistenz-Entwicklung

Die Resistenz-Entwicklung geht sehr verschiedene Wege, folgt jedoch einigen Prinzipien. Vielfältige genetische Mechanismen stehen den Bakterien zur Verfügung, um Resistenz-Gene zu entwickeln, zu optimieren und zu verbreiten. Zunächst werden chromosomal kodierte Gene durch Mutationen optimiert. Für eine klinisch wirksame Resistenz kann die Mutation mehrerer Gene notwendig sein.

Auch von außen können Gene aufgenommen werden, die zur Resistenz führen. Die Fähigkeit zur Aufnahme fremden genetischen Materials ist bei verschiedenen Bakterienarten sehr unterschiedlich ausgeprägt.

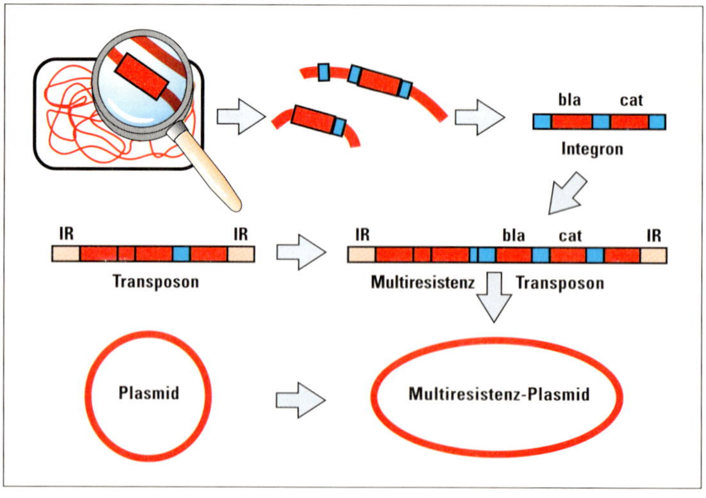

Abb. 1: Entstehung der Antibiotikaresistenz durch Bildung von Multiresistenz-Plasmiden

Mittlerweile ist bekannt geworden, daß die Bildung von Integrons ein ganz wesentlicher Faktor in der Veränderung genetischen Materials ist, insbesondere auch bei der Resistenz-Entwicklung. Ein Integron entspricht einer relativ kurzen Rekombinationsstelle. Solche Rekombinationsstellen gibt es auf dem Chromosom und auch auf Plasmiden. Zusätzlich gibt es Transposons. Diese können spontan aus der DNA herausgelöst und im Bereich eines anderen genetischen Elementes wieder integriert werden. Es sind einige Transposons bekannt, die Resistenz gegenüber bestimmten Antibiotika vermitteln. Integrieren verschiedene Resistenz-Transposons oder mehrere Integrons mit Resistenz-Genen in Transposons, so entstehen Multiresistenz-Transposons, die wiederum weitergegeben werden können (Abb. 1).

Wenn die Transposons Bestandteil von konjugativen oder nicht-konjugativen Plasmiden werden, können die entsprechenden Resistenz-Gene auch horizontal, sogar auf unterschiedliche Bakterienspezies, übertragen werden. Die Resistenz bei Enterobakterien gegenüber Tetracyclinen, Penicillinen, Cephalosporinen, Aminoglykosiden und Folsäureantagonisten ist dafür ein gutes Beispiel.

Mechanismen der Chinolon-Resistenz

Chinolone entfalten ihre Wirkung im Zytoplasma, indem sie mit der Topoisomerase II oder Topoisomerase IV in Wechselwirkung treten und somit die DNA-Replikation unterbinden. Um ins Zytoplasma zu gelangen, müssen sie zunächst einmal durch die Zellmembran aufgenommen werden. Mehrere Resistenz-Mechanismen kommen hier in Frage. Die Aufnahme in die Zelle kann gestört sein. Darüber hinaus können sich die Rezeptoren verändern. Eine solche Veränderung eines Rezeptors vollzieht sich mit einer Häufigkeit von $1:10^9$.

Um einen Chinolon-resistenten *Escherichia-coli*-Stamm zu erhalten, sind allerdings eine Reihe von Mutationen nacheinander erforderlich. Neben dem Rezeptor müssen die Topoisomerase IV und die Gyrase verändert sein, um eine klinische Resistenz zu erreichen.

Mutanten, die so viele Veränderungen durchgemacht haben, sind im allgemeinen weniger lebensfähig als ihre Elternzellen. Die klinisch hochresistenten Stämme allerdings sind voll lebensfähig. Dies wird durch zusätzliche kompensatorische Mutationen ermöglicht.

Selbst bei der hohen Zahl von Bakterienstämmen im Darm treten solche Mutationen nicht spontan auf, sondern die Entwicklung der vollständigen Resistenz benötigt einen langen Zeitraum der Selektion durch Antibiotika, wobei Induktionen, z. B. durch Gallensalze, noch eine Rolle spielen. Unter dem antibiotischen Selektionsdruck können sich Multiresistenzen etablieren, und es entwickeln sich Resistenz-tragende Bakterien, die in gleicher Weise lebensfähig sind wie die nicht-resistenten Bakterien.

Resistenz-Entwicklung gegen β-Lactam-Antibiotika

Die Resistenz gegenüber β-Lactam-Antibiotika (Penicillin, Cephalosporin) wird hauptsächlich durch die Produktion von β-Lactamasen vermittelt. Diese Enzyme sind in der Lage die antibiotisch wirksame Komponente, den β-Lactam-Ring, zu spalten. β-Lactam-Antibiotika, insbesondere Substanzen wie Imipenem oder auch Cefoxitin, können die β-Lactamasen induzieren. Dies ist bei fast allen Enterobakterien möglich.

Die Induktion der β-Lactamasen erfolgt im Zytoplasma. Allerdings können β-Lactam-Antibiotika zwar die äußere Membran, nicht aber die innere Membran gramnegativer Bakterien durchdringen. Sie verbleiben im periplasmatischen Raum, wo sie die Synthese des Peptidoglykans unterbinden. Durch diese Blockade überwiegen lytische Enzyme, und als Abbauprodukte des Peptidoglykans entstehen Tri-, Tetra- und Pentapeptide, die in das Zellinnere gelangen und dort als Mediatoren die β-Lactamasen induzieren. Vor allem die Pentapeptide werden durch ein spezielles Protein in das Zytoplasma transportiert.

Die β-Lactamase ist auch gegen sogenannte stabile β-Lactam-Antibiotika hochwirksam. Sie kommt in vielen Enterobakterien vor, seit einiger Zeit nicht nur auf dem Chromosom, sondern auch auf der viel einfacher verschiebbaren Informationsebene von Plasmiden.

Epidemiologie

Es gibt keine exakten und eindeutigen Daten über die Epidemiologie der Resistenz. Weltweit ist wahrscheinlich die Studie der Paul-Ehrlich-Gesellschaft, die 1975 begonnen wurde, die beste langfristige Untersuchung, die einen Hinweis auf die Zusammenhänge gibt. Nach dieser Studie schien die Zahl resistenter Bakterienstämme von 1975 bis 1986 nicht mehr zu steigen. Erst neue Untersuchungen zeigen dramatische Änderungen. So finden wir beinahe eine Verdoppelung der Oxacillin-resistenten *Staphylococcus-aureus*-Stämme von 1990 bis 1995. Auch die Aminoglykosid-Resistenz steigt in erheblichem Maße an und hat sich in diesem Zeitraum mehr als verdoppelt. Von 1990 bis 1996 hat zudem ein erheblicher Anstieg der Ampicillin-Resistenz von 30 auf fast 36 % stattgefunden, bei Ciprofloxacin als einem Beispiel der Chinolone von nahezu 0 auf 5,2 %. Nur die Resistenz gegenüber Drittgenerations-Cephalosporinen scheint stabil zu sein.

Heute spielen in den Krankenhäusern solche Bakterien eine zunehmende Rolle, die vor 20 Jahren meist als Besiedler, aber nicht als Krankheitserreger angesehen wurden. Diese Erreger, wie *Burkholderia cepacia*, *Stenotrophomonas maltophilia*, *Acinetobacter baumannii*, *Staphylococcus epidermidis* und eine Reihe von anderen Staphylokokken sowie einige Streptokokken, werden aufgrund ihrer natürlichen Resistenz durch die hochpotenten Antibiotika selektiert und können das fast bakterienfreie Terrain der Körperoberflächen bei schwerkranken Patienten besiedeln. Dort unterhalten sie Infektionen, die früher deswegen unbekannt waren, weil die Patienten schon in jüngerem Lebensalter bei noch leistungsfähigem Immunsystem an ihren Grundleiden verstarben und es gar nicht zur Infektion kam. Heute aber, als Folge der deutlich ansteigenden Zahl der über 65jährigen in der Bevölkerung, der Fortschritte in der Intensivmedizin, der Transplantationsmedizin und der aggressiven Möglichkeiten der Tumortherapie, macht sich bei diesen Patientengruppen die Abwehrschwäche in Gestalt der zunehmenden Anfälligkeit für o. g. Bakterien und eines erhöhten Bedarfs an Antibiotika deutlich bemerkbar.

Bezogen auf *Escherichia coli* gab es über einen langen Zeitraum keine wesentliche Veränderung in der Resistenz. In den letzten zehn Jahren stieg allerdings die Ampicillin-Resistenz um etwa 10 % an, nachdem sie zuvor bis etwa 1986 stabil gewesen war. Obwohl einzelne Mutationen, die zu Resistenzen führen, relativ selten sind, können *E.-coli*-Stämme, die in der normalen Darmflora angesiedelt sind, nach und nach Resistenzen entwickeln. Diese resistent gewordenen Stämme können aus der Darmflora heraus Harnwegsinfekte oder andere Infektionen verursachen.

Multiresistente Stämme von *Escherichia coli* sind allerdings bisher nicht gefunden worden, d. h. es gibt keinen Stamm von *Escherichia coli*, der gegen alle Antibiotika, die uns heute zur Verfügung stehen, resistent wäre.

Resümee

Die Bedeutung molekularer Mechanismen für die Verbreitung der Resistenz wird weitgehend überschätzt. Eine wesentlich höhere Bedeutung kommt der klonalen Ausbreitung der Gene mit einzelnen Bakterienklonen zu. Ohne den Selektionsdruck durch Antibiotikaeinsatz können Resistenz-Gene zwar existieren, ihre Ausbreitung erfolgt jedoch nur, wenn Bakterien, die ein verändertes Genom haben, im Ökosystem überleben und zudem einen lang anhaltenden selektiven Vorteil durch ihre

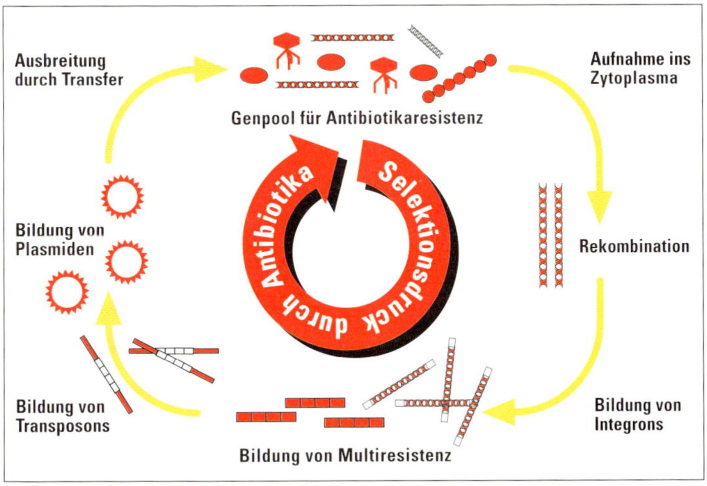

Abb. 2: Entstehung und Ausbreitung der Antibiotikaresistenz

veränderten Eigenschaften haben. In entsprechenden Biozönosen können resistente Bakterien sich in ausreichendem Maße etablieren und auch über weite Strecken zur Ausbreitung der Resistenz beitragen (Abb. 2).

So entsteht in unserem Umfeld, vor allem in den Bakterien, durch Aufnahme von Resistenz-Information ins Zytoplasma der Bakterien, durch Rekombination, durch Bildung von Multiresistenz-Transposons sowie durch Resistenz-Plasmide ein Pool an genetischer Antibiotikaresistenz-Information. Die Information der Antibiotikaresistenz wird immer einfacher verschiebbar. Weitere Antibiotikagaben beschleunigen diesen Prozeß, so daß Resistenzen in den letzten Jahren tatsächlich zunehmen.

Momentan ist die Situation, insbesondere in Deutschland, noch relativ gut unter Kontrolle. Allerdings muß die inzwischen verfügbare bessere Technologie genutzt werden, um klare und bessere epidemiologische Untersuchungen zu machen. Nur so können Angriffspunkte für die Prävention erkannt werden. Die Strategie muß dabei wesentlich komplexer sein als das Prinzip, durch Vermeidung des Antibiotikaeinsatzes auch die Resistenz-Entwicklung verhindern zu wollen.

Molekularbiologische Untersuchungsmethoden kamen in der Epidemiologie bisher nur in Einzelfällen zur Anwendung. Der Einsatz dieser Methoden ist dringend notwendig, um die wirklichen Zusammenhänge zu erkennen und damit eine Bekämpfung zu ermöglichen.

Prof. Dr. B. Wiedemann

Institut für Medizinische Mikrobiologie
und Immunologie der Universität Bonn
Pharmazeutische Mikrobiologie
Meckenheimer Allee 168
D-53115 Bonn

Literatur:

1. Wiedemann, B., Dietz, H. β-lactamases and peptidoglykan recycling. Biospektrum (1997), Sonderband: 24-26
2. Naber, K.G., Adam, D., Expertengruppe der Paul-Ehrlich-Gesellschaft für Chemotherapie e.V. Einteilung der Fluorchinolone. Münch. Med. Wschr. (1998) 140: 248-50

Medizinisch-klinische Bedeutung von *Escherichia coli* II:
Präklinik / Klinik

Vorsitzende:

Prof. Dr. M. Knoke

Prof. Dr. W. Rösch

Die Wirkung von apathogenen *Escherichia coli* auf die Modulation des Immunsystems
S. Hockertz (Hamburg)

Neugeborenenbesiedlung durch *Escherichia coli* und Kolonisationsprophylaxe gegen die Ansiedlung von Hospitalkeimen
R. Lodinová-Žádníková (Prag)

Kolonflora und chronische Obstipation
S. Müller-Lissner (Berlin)

Adhäsive *Escherichia coli* bei chronisch-entzündlichen Darmerkrankungen
B.J. Rembacken (Leeds)

Beeinflussung der Darmökologie: Therapeutisches Konzept mit Zukunft?
W. Kruis (Köln)

Dr. S. Hockertz

Die Wirkung von apathogenen *Escherichia coli* auf die Modulation des Immunsystems

von S. Hockertz

Zusammenfassung

Apathogene Darmbakterien wie der *Escherichia-coli*-Stamm Nissle 1917 (DSM 6601, Mutaflor®) sind in der Lage, bestimmte Komponenten des Immunsystems in vivo zu aktivieren. Besonders hervorzuheben sind hier die Sekretion von Interleukin-1, dessen Produktion hauptsächlich in der Milz und in geringem Maß auch in der Leber aktiviert wird. Die Interleukin-6-Produktion in Milz und Leber sowie die Sauerstoffradikal-Produktion der Milz, der Leber und des Peritoneums, die besonders für die schnelle Abtötung von Mikroorganismen notwendig ist, werden durch apathogene *E. coli* wie Mutaflor® ebenso deutlich positiv beeinflußt. Andere Parameter, wie z.B. der Tumor-Nekrose-Faktor, bleiben von der Applikation der apathogenen *E. coli* unberührt. Dies ist auch aus sicherheitspharmakologischer Sicht interessant, da eine überschießende Aktivierung des Immunsystems dadurch vermieden wird.

Neben der potenten Immunstimulation besitzt der *E.-coli*-Stamm Nissle 1917 auch eine schützende Wirksamkeit gegen pathogene Bakterien- und Pilz-Infektionen. Im Rahmen experimenteller Infektionen wurden Mäuse intravenös entweder mit 6×10^3 Kolonie-bildenden Einheiten (KBE) *Listeria monocytogenes* oder mit 5×10^5 KBE *Candida albicans* infiziert. Einen Tag vor der Infektion wurden die Mäuse oral mit vier verschiedenen Konzentrationen des *E.-coli*-Stammes Nissle 1917 (10^6, 10^7, 10^8 und 10^9 lebensfähige Zellen) behandelt. Drei Tage nach Infektion mit *L. monocytogenes* oder einen Tag nach Infektion mit *C. albicans* wurden die Mäuse getötet und die Parasitenlast der Hauptzielorgane, bezogen auf die jeweilige Infektion, untersucht. Die schützende Wirkung des *E.-coli*-Stammes Nissle 1917 wurde verglichen mit Placebo-behandelten Kontrollen und mit Mäusen, die mit einer Dosis von 10^4 Einheiten Interferon-γ behandelt worden waren. Oral verabreicht reduzierte der *E.-coli*-Stamm Nissle 1917 die Belastung mit *L. monocytogenes* und *C. albicans* dosisabhängig. Die Behandlung mit 10^9 KBE *E.-coli*-Bakterien führte zu einer Verringerung der Listerien auf 7,4 % (Milz) und 2,4 % (Leber) Restparasitämie. Durch die gleiche *E.-coli*-Konzentration wurde eine mehr als zehnfache Abnahme lebensfähiger *C.-albicans*-Parasiten (Restparasitämie 6,8 %) in den Nieren der infizierten Tiere erreicht.

Summary

Apathogenic intestinal bacteria like the *Escherichia coli* strain Nissle 1917 (DSM 6601, Mutaflor®) are able to activate certain components of the immune system in vivo. Production of interleukin-1 is activated mainly in the spleen and, to a lesser extent, in the liver. Interleukin-6 production in the spleen and liver as well as the production of oxygen radicals in the spleen, liver and peritoneum, which is necessary especially for the rapid destruction of micro-organisms, are markedly stimulated by apathogenic *E. coli* as contained in Mutaflor® just as well. Other parameters, such as tumor necrosis factor, remain uninfluenced by application of the apathogenic *E. coli*. This is important as far as pharmacological safety is concerned, because it will prevent over-activation of the immune system.

Besides of being a potent immunostimulator the *E. coli* strain Nissle 1917 possesses protective properties against pathogenic bacterial and fungal infections. In experimental infections, mice were inoculated intravenously with either 6×10^3 colony-forming units (cfu) of *Listeria monocytogenes* or with 5×10^5 cfu of *Candida albicans*. One day prior to inoculation the mice were treated orally with four different doses of *E. coli* strain Nissle 1917 (10^6, 10^7, 10^8 und 10^9 viable cells). Three days after inoculation with *L. monocytogenes*, or one day after inoculation with *C. albicans*, the mice were killed and the parasitic infestation of the respective main target organs was measured. The protective effect of *E. coli* Nissle 1917 was compared to placebo-treated controls as well as to mice treated with 10^4 units of interferon-γ. Orally applied, *E. coli* strain Nissle 1917 reduced the load of *L. monocytogenes* and *C. albicans* in a dose-dependent manner. Treatment with 10^9 cfu of *E. coli* led to a reduction of *Listeria* to 7.4 % remaining parasitaemia in the spleen and to 2.4 % in the liver. The same dose of *E. coli* reduced viable *C. albicans* more than ten-fold, down to 6.8 % remaining parasitaemia in the infected animals' kidneys.

Einführung

Das Institut für Toxikologie und Umweltmedizin der Fraunhofer-Gesellschaft in Hamburg beschäftigt sich unter anderem mit Themen der Immunologie und Immuntoxikologie, insbesondere auch mit den Wirkungen von Keimen wie *Escherichia coli* auf das Immunsystem. Apathogene Darmbakterien wie der *E.-coli*-Stamm Nissle 1917 (DSM 6601, Mutaflor®) sind in der Lage, bestimmte Komponenten des Immunsystems in vivo zu aktivieren. Neben der LPS-gesteuerten Aktivierung werden auch andere, zum Teil noch wenig verstandene Phänomene beobachtet.

Mechanismen der Infektionsprophylaxe

Die erste Barriere gegen Infektionen stellen unspezifische Abwehrreaktionen dar, die ohne Rücksicht darauf ablaufen, um welche pathogenen Mikroorganismen es sich handelt. Die Phagozytose durch Makrophagen spielt dabei eine wichtige Rolle. Moleküle des MHC (major histocompatibility complex) der Klasse II, die auf der Makrophagenoberfläche exprimiert werden, sind verantwortlich für die Antigen-Erkennung. Auf die Antigen-Erkennung folgt die Phagozytose. Auch die Lyse von Leishmanien und Tumorzellen sind Leistungen von Makrophagen. Leishmanien können als intrazelluläre Erreger in Makrophagen überleben und stellen daher eine Form der Immunerkrankung dar. Die Abtötung von Tumorzellen verläuft dagegen als extrazelluläre Lyse. Der Makrophage adhäriert außen an der Tumorzelle und tötet sie ab.

Makrophagen kommen als sogenannte M-Zellen auch im darmassoziierten Immunsystem vor. Sie sind verantwortlich für die Produktion verschiedener Zytokine wie Interleukin-1 und Interleukin-6, die wiederum Auswirkungen auf die Situation der B- und T-Lymphozyten haben. Die genannten Zytokine werden von Makrophagen in einer Entzündungssituation gebildet, um B- und T-Zellen zu stimulieren.

Die B-Lymphozyten differenzieren zu Plasma-Zellen und dienen dann der Produktion von Immunglobulinen. Die T-Zellen spielen bei der Infektionsprophylaxe eine entscheidende Rolle. Zuständig dafür sind zwei Gruppen, die sogenannten zytotoxischen T-Zellen und die T-Helfer-Zellen. Die T-Helfer-Zellen bilden wiederum zwei Subpopulationen mit ganz unterschiedlichen Funktionen, TH_1- und TH_2-Zellen. Es gibt zudem einen Zusammenhang zwischen Makrophagen, den T-Zell-Subpopulationen und der Auslösung von Allergien (Abb. 1).

Der ebenfalls von Makrophagen gebildete Tumor-Nekrose-Faktor ist für die Zerstörung von Tumorzellen, aber auch für Gewebenekrosen verantwortlich.

Auch Prostaglandin E_2 (PGE_2) wird von Makrophagen gebildet. Man weiß heute, daß Makrophagen, die durch Interferon-γ aktiviert worden sind, durch PGE_2 wieder in einen deaktivierten Zustand zurückgeführt werden. Dies ist besonders wichtig, um überschießende Immunreaktionen und Autoimmunerkrankungen nach Möglichkeit zu verhindern.

Alles in allem nehmen Makrophagen eine zentrale Stellung im Immunsystem ein. Der Fokus der Forschung richtet sich daher ebenfalls auf die Makrophagen und deren

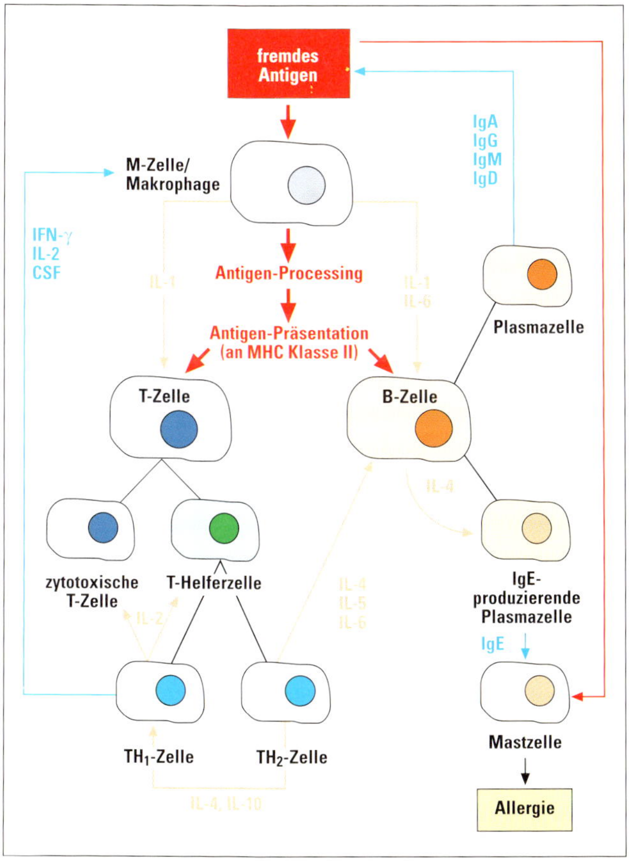

Abb. 1:
Interaktionen im Immunsystem (Auszug)

Produkte (z. B. Zytokine, Sauerstoffradikale). Es bietet sich an, auch weitere Nachweissysteme zu verwenden, wie beispielsweise die Zellzusammensetzung der einzelnen Immunorgane oder die Interleukin-2-Rezeptorexpression auf T-Zellen, die für die Proliferation des T-Zell-Systems bedeutsam ist, um zusätzliche Erkenntnisse über den Einfluß von apathogenen *E.-coli*-Bakterien auf das Immunsystem zu gewinnen.

Modulation des Immunsystems durch apathogene *Escherichia coli*

Präklinische Untersuchungen an Makrophagen von Mäusen beschäftigten sich mit der Frage, wie der apathogene *E.-coli*-Stamm Nissle 1917 in das immunologische Netzwerk eingreift, bzw. wie sich Zytokin-Produktion und zytotoxische Mechanismen unter oraler Gabe dieses Stammes verändern. Ziel der Experimente war es, das immunologische Wirkspektrum des *E.-coli*-Stammes Nissle 1917 hinsichtlich neuer Aspekte zu beleuchten. Ein besonderer Schwerpunkt lag dabei auf der Frage, ob aus der Immunaktivität des Stammes möglicherweise ein Schutz vor Infektionskrankheiten resultiert.

Die Tiere erhielten per Schlundsonde verschiedene Dosen (10^6 bis 10^9 lebensfähige Zellen) der *E.-coli*-Keime. Jede Dosisstufe wurde einer 5 C3H-Mäuse umfassenden Gruppe appliziert. Diese Mäuse sind resistent gegen bakterielles Lipopolysaccharid (LPS), um eine LPS-Wirkung auszuschließen. Zur Kontrolle wurden einige Tiere nur mit Puffer behandelt.

Zwei bzw. sechs Tage nach Applikation wurde der Immunstatus der Tiere anhand der obengenannten Parameter bestimmt. Gemessen wurde das von Makrophagen gebildete Interleukin-1.

Es zeigten sich unterschiedliche Reaktionen auf die verschiedenen Dosen des *E.-coli*-Stammes. In ex vivo isolierten Milz-Makrophagen fand sich sowohl am Tag 2, als auch am Tag 6 ein deutlicher, dosisabhängiger Anstieg von Interleukin-1 (Abb. 2).

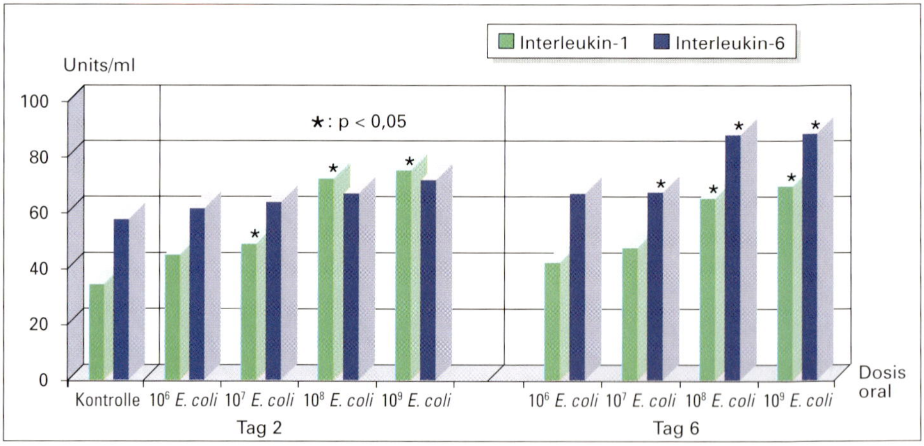

Abb. 2: Produktion von Interleukin-1 und Interleukin-6 in Milzmakrophagen nach oraler Applikation von 10^6 bis 10^9 KBE *E. coli* Nissle 1917

In der Leber war dieser Anstieg am Tag 2 verhältnismäßig gering und am Tag 6 nicht mehr vorhanden. Dies hing damit zusammen, daß der Interleukin-1-Spiegel in der Leber aufgrund einer permanent vorhandenen Basisaktivität schon sehr hoch war, so daß er durch den *E.-coli*-Stamm nicht mehr angehoben werden konnte.

Für Interleukin-6, das für die B-Zell-Proliferation sowie die nachfolgende Produktion von Immunglobulinen mitverantwortlich ist, fand sich besonders in der Milz eine deutliche Aktivierung der Freisetzung. Interleukin-6 wird bekanntermaßen immer etwas später gebildet als die anderen Interleukine, so daß am Tag 6 eine erheblich höhere Produktion dieses Zytokins vorlag als am Tag 2.

Sowohl die Bildung von Interleukin-1 (frühe Reaktion) als auch von Interleukin-6 (verzögerte Reaktion) werden demnach durch den *E.-coli*-Stamm Nissle 1917 angeregt.

Die Produktion von Sauerstoffradikalen durch Makrophagen, die besonders für die schnelle Abtötung von Mikroorganismen notwendig ist, wurde ebenfalls an verschiedenen Geweben untersucht. Die Makrophagen wurden aus der Milz, der Leber und dem Peritoneum isoliert. Auch hier fand sich früh eine deutliche Zunahme der Sauerstoffradikal-Produktion. Am Tag 6 war sie bereits reduziert, aber immer noch signifikant vorhanden. Man kann also davon ausgehen, daß die Milz-Makrophagen durch eine erhöhte Sauerstoffradikal-Produktion gegen bakterielle oder auch gegen Candida-Infektionen vorgehen.

Auch in der Leber kam es zu einem massiven Anstieg der Produktion von Sauerstoffradikalen aus Kupfferschen Sternzellen, den Makrophagen der Leber. Dieser trat allerdings erst am Tag 6 auf, was sich zum Teil auch mit der Pharmakokinetik der Radikale erklären läßt.

Für die Peritoneal-Makrophagen, die sich größtenteils aus der Milz rekrutieren, fand sich eine ähnliche Reaktion zwei Tage nach Gabe der verschiedenen Dosierungen von *E. coli* Nissle 1917, also noch in einer frühen Phase. Es kam ebenfalls zu einer deutlichen Zunahme der Sauerstoffradikal-Produktion.

Die Abtötung von Leishmanien, eine intrazelluläre Leistung von Makrophagen, wurde durch den *E.-coli*-Stamm Nissle 1917 verstärkt. Die Expressionsrate des Interleukin-2-Rezeptors auf T-Zellen, und somit ihre Empfänglichkeit für den proliferativen Stimulus, wurde erhöht.

Auch wiesen die peripheren Immunorgane Milz und Leber nach der Vorbehandlung mit dem *E.-coli*-Stamm Nissle 1917 einen erhöhten Makrophagen-Anteil auf. Dieser ist möglicherweise auf eine durch Interleukin-1 bewirkte erhöhte Proliferation zurückzuführen.

Andere Parameter, wie z.B. der Tumor-Nekrose-Faktor, blieben von der Applikation der apathogenen *E.-coli*-Bakterien unberührt. Dies ist auch aus sicherheitspharmakologischer Sicht interessant, da die Gefahr einer zu starken Aktivierung des Immunsystems dadurch vermindert wird. Zugleich liefert das Ergebnis die Bestätigung, daß es sich bei den beobachteten Effekten nicht um eine LPS-Wirkung handelt, denn diese hätte zu einer massiven Erhöhung des Tumor-Nekrose-Faktors führen müssen.

Prophylaktische Wirkung des *E.-coli*-Stammes Nissle 1917 im Infektionsmodell

Die im vorigen Abschnitt vorgestellten Daten zeigen, mit welcher Effizienz der *E.-coli*-Stamm Nissle 1917 fähig ist, das Immunsystem zu modulieren. Diese Ergebnisse sind anhand eines Experiments in vivo weiterverfolgt worden.

Es wurde untersucht, inwieweit der apathogene *E.-coli*-Stamm Nissle 1917 eine Auswirkung auf Infektionen mit Bakterien (*Listeria monocytogenes*) und Pilzen (*Candida albicans*) haben kann. Bei diesen Infektionsexperimenten erfolgte die orale Applikation des *E.-coli*-Stammes Nissle 1917 (10^6, 10^7, 10^8 und 10^9 lebensfähige Zellen) 24 Stunden vor der Infektion mit pathogenen Organismen. Es sollte dabei eine prophylaktische Wirkung erzielt werden.

Die Infektionen wurden intravenös gesetzt, und zwar mit 6×10^3 Kolonie-bildenden Einheiten (KBE) *L. monocytogenes*, einem Keim, der Milz und Leber besiedelt, fakultativ aber auch in Makrophagen überleben kann, oder mit 10×10^5 KBE *C. albicans*, einer Hefe, die sich in der Maus hauptsächlich in der Niere festsetzt.

Drei Tage nach der Infektion mit *L. monocytogenes* bzw. einen Tag nach der Infektion mit *C. albicans* wurden die Mäuse getötet und die Erregerlast der entsprechenden Hauptzielorgane untersucht. Die schützende Wirkung des *E.-coli*-Stammes Nissle 1917 wurde gemessen als Verringerung der lebensfähigen Bakterien in Milz und Leber beziehungsweise der lebensfähigen Pilzzellen in den Nieren der infizierten Tiere und verglichen mit Placebo-behandelten Kontrollen sowie mit Mäusen, die mit einer Dosis von 10^4 Einheiten Interferon-γ behandelt worden waren.

Durch prophylaktische Applikation der verschiedenen Konzentrationen von *E. coli* Nissle 1917 konnte die Erregerlast gegenüber der unbehandelten Kontrolle deutlich, sowohl in der Milz als auch in der Leber, dosisabhängig reduziert werden. Die Behandlung mit 10^9 KBE der *E.-coli*-Bakterien führte zu einer Verringerung der Listerien auf 7,4 % (Milz) und 2,4 % (Leber) Restbefall (Abb. 3). Dies spricht für einen deutlichen Infektionsschutz, der bewirkt, daß die normalerweise letal verlaufenden *L.-monocytogenes*-Infektionen für die Tiere sehr glimpflich ausgehen.

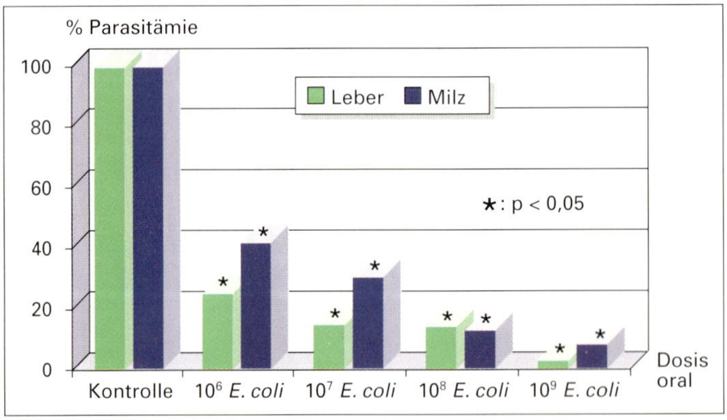

Abb. 3:
Keimzahlen in Leber und Milz nach oraler Applikation von 10^6 bis 10^9 KBE *E. coli* Nissle 1917 und subletaler Infektion mit *L. monocytogenes*

Für *C.-albicans*-Infektionen zeigte sich im Zielorgan Niere gegenüber den unbehandelten Kontrollen selbst bei der niedrigsten Konzentration von 10^6 Keimen des Stammes *E. coli* Nissle 1917 eine 50 %ige Reduktion der Keimlast. Nach Applikation von 10^9 Keimen *E. coli* Nissle 1917 konnte eine Reduktion auf 6,8 % Resterregerlast erreicht werden (Abb. 4). Diese geringe Pilzbelastung wurde von den Tieren noch sehr gut vertragen, so daß die üblicherweise letale Infektion durch die prophylaktische Gabe des physiologischen, apathogenen *E.-coli*-Stammes Nissle 1917 als geheilt betrachtet werden konnte.

Diese Ergebnisse weisen darauf hin, daß der *E.-coli*-Stamm Nissle 1917 einen potenten Immunstimulator darstellt, der neben Auswirkungen auf die Produktion von Interleukinen auch eine schützende Wirkung gegen Infektionen besitzt.

Fazit

Der *E.-coli*-Stamm Nissle 1917 ist in der Lage, das Immunsystem zu stimulieren, wobei der Wirkmechanismus heute noch nicht umfassend geklärt ist.

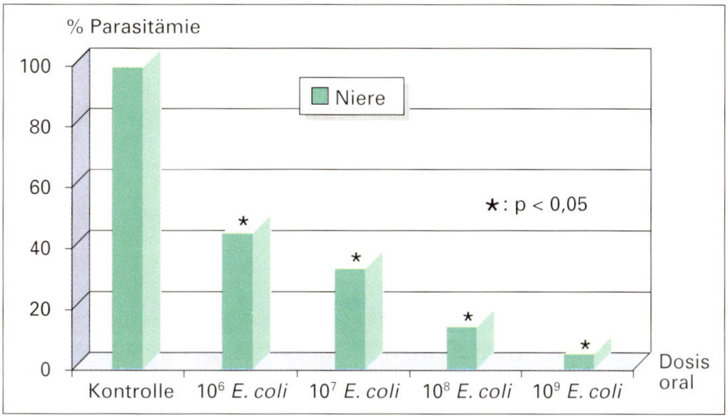

Abb. 4: Keimzahlen in der Niere nach oraler Applikation von 10^6 bis 10^9 KBE *E. coli* Nissle 1917 und subletaler Infektion mit *C. albicans*

Interleukin-1 und Interleukin-6 werden durch den *E.-coli*-Stamm Nissle 1917 in ihrer Freisetzung ebenso positiv beeinflußt wie die Produktion von Sauerstoffradikalen.

Der *E.-coli*-Stamm Nissle 1917 hat jedoch keinen Einfluß auf die Phagozytoserate der Makrophagen, die Bildung des Tumor-Nekrose-Faktors, die Prostaglandin E_2-Produktion sowie die extrazelluläre Lyse von Tumorzellen. Die Expression von Molekülen des MHC Klasse II auf Makrophagen, die für Antigen-Processing und -Präsentation verantwortlich sind, wird ebenfalls nicht erhöht.

Der *E.-coli*-Stamm Nissle 1917 besitzt außerdem eine prophylaktische Wirksamkeit gegen *Listeria*- und *Candida*-Infektionen.

Diese präklinischen Untersuchungen belegen die Wirksamkeit des Einsatzes des apathogenen *E.-coli*-Stammes Nissle 1917 (Mutaflor®) auch in der Infektionsprophylaxe. Darüber hinaus ist dieser besondere *E.-coli*-Stamm durch weitere nützliche Eigenschaften, wie die direkte antagonistische Hemmung pathogener und potentiell pathogener Mikroorganismen, in der Lage, den Gesundheitszustand des Makroorganismus positiv zu beeinflussen. Die nachgewiesene effiziente Aktivierung des Immunsystems läßt diesen apathogenen Vertreter der intestinalen Mikroflora als für den Einsatz als Immunstimulans oder als Adjuvans zu anderen Modulatoren der Immunantwort geeignet erscheinen.

Dr. S. Hockertz

Fraunhofer-Institut für
Toxikologie und Umweltmedizin
Grindelallee 117
20146 Hamburg

Literatur:

1. Hockertz, S. Immunmodulierende Wirkung von abgetöteten apathogenen *Escherichia coli*, Stamm Nissle 1917, auf das Makrophagensystem. Arzneim.-Forsch./Drug Res. (1991) 41: 1108-12
2. Hockertz, S. Steigerung der körpereigenen Abwehr gegen Bakterien- und Pilzinfektionen bei Mäusen nach Vorbehandlung mit dem apathogenen *Escherichia-coli*-Stamm Nissle 1917. Arzneim.-Forsch./Drug Res. (1997) 47: 793-96

Dr. R. Lodinová-Žádníková

Kolonisationsprophylaxe gegen die Ansiedlung von Hospitalkeimen durch orale *E.-coli*-Besiedlung bei Neugeborenen

von R. Lodinová-Žádníková

Zusammenfassung

Zwei Vakzine, hergestellt aus den apathogenen *E.-coli*-Stämmen O83:K24:H31 (Colinfant) bzw. O6:K5:H1 (Mutaflor®) wurden bei Reif- und Frühgeborenen zur Kolonisation des Intestinaltraktes eingesetzt. Beide Stämme sind in bezug auf ihre biochemischen Eigenschaften physiologische menschliche *E.-coli*-Stämme. Sie bilden keine Enterotoxine, besitzen keine P-, M- oder S-Fimbrien, aber Common-type-1-Fimbrien. Die antagonistische Aktivität gegen pathogene Enterobakterien konnte in vivo an gnotobiotischen Ferkeln gezeigt werden. Die Stämme nehmen fremde Plasmid-DNA nur sehr schlecht auf und sind empfindlich gegenüber allen gängigen Antibiotika. Beide Stämme werden seit vielen Jahren eingesetzt.

In der aktuellen Studie waren beide Stämme in der Lage, nach oraler Applikation den Intestinaltrakt der Reif- und Frühgeborenen effektiv zu kolonisieren. Die Anwesenheit der *E.-coli*-Stämme stimulierte signifikant die Antikörperproduktion im Darm sowie in Speichel und Serum der kolonisierten Kinder. Eine frühe Stimulation der sekretorischen IgA-Produktion ist besonders für nicht gestillte Kinder von Bedeutung, da sie die fehlende Versorgung mit mütterlichen Immunglobulinen teilweise ersetzen kann.

Die frühzeitige Anwesenheit von apathogenen Stämmen verminderte bei den Reif- und Frühgeborenen signifikant die Anzahl pathogener Bakterienstämme. Der Colinfant-Stamm verminderte darüber hinaus die Anzahl nosokomialer Infektionen, die infektionsbedingte Mortalität und die Notwendigkeit des Antibiotikaeinsatzes. Beide Stämme konnten pathogene Stämme, die sich nach einer Antibiotikabehandlung im Darm der Kinder fanden, erfolgreich verdrängen.

Indem man die natürliche, aber zufällige Kolonisation (oft auch mit Pathogenen) des Intestinums durch eine gezielte Kolonisation mit oral applizierten *E.-coli*-Stämmen mit günstigen Eigenschaften ersetzt, eröffnet sich insbesondere bei nicht gestillten und Hochrisikokindern eine Möglichkeit, nosokomiale Infektionen zu verhindern.

Summary

Two vaccines prepared from non-enteropathogenic *E. coli* strains (*E. coli* serotyp 083:K24:H31, vaccine Colinfant and *E. coli* serotyp 06:K5:H1 vaccine Mutaflor®) were used for colonization of the intestine in full-term and preterm infants.

Both *E. coli* strains used in our study are normal human *E. coli* strains, according to their biochemical properties. Both do not produce enterotoxins, exhibit no P-, M- or S-fimbriae but have common type 1 fimbriae. Antagonistic activity against pathogenic enterobacteria has been shown in vivo using gnotobiotic piglets. The strains are bad recipients for foreign plasmid DNA and are sensitive to commonly used antibiotics. Both strains have been used for many years.

In the present study both *E. coli* strains effectively colonized the intestine after oral administration in full-term and preterm infants.

The presence of *E. coli* significantly stimulated the antibody production in gut, saliva, and serum of colonized infants. An early induction of secretory IgA production is important particularly in formula-fed infants, where it partly replaces the lacking supply of maternal immunoglobulin.

In full-term and premature infants the early presence of non-pathogenic strains in the intestine decreased significantly the number and variety of pathogenic bacterial strains. The Colinfant strain also decreased the number of nosocomial infections, mortality rate in connection with infections, and the need for antibiotics. Both strains successfully replaced pathogenic strains in carriers after treatment with antibiotics.

By replacement of the natural but incidental (often pathogenic) colonization of the intestine by a targeted colonization with orally administered *E. coli* strains of advantageous properties we may have come upon the possibility to prevent nosocomial infections particularly in formula-fed and high-risk infants.

Einführung

Alle Schleimhautoberflächen des Neugeborenen werden innerhalb der ersten Tage nach der Geburt rasch mit Mikroorganismen besiedelt. Für den Rest des Lebens besteht eine permanente Balance zwischen Makro- und Mikroorganismus.

Welche Spezies für Neugeborene pathogen oder potentiell pathogen sind, ist bisher nicht geklärt. Es ist aber bekannt, daß in dieser Patientengruppe typischerweise auch apathogene oder nur fakultativ pathogene Keime wie *Proteus*-Arten oder *Staphylococcus epidermidis* sehr gefährliche, unter Umständen fatale Infektionen auslösen können. Besonders bei Frühgeborenen kommen Septikämien, verursacht durch *Staphylococcus epidermidis*, *Proteus* oder *Candida* häufig vor. Es ist daher wünschenswert, die Keimzahlen dieser Erreger im Gastrointestinaltrakt dieser sehr speziellen Patientengruppe zu reduzieren.

Die Besiedlung des Gastrointestinaltraktes nach der Geburt erfolgt nach dem Zufallsprinzip mit Keimen aus der Umgebung. Es sind vielfach Versuche unternommen worden, durch Kolonisation mit einem apathogenen Bakterienstamm eine Prävalenz eines solchen ausgewählten, gut charakterisierten Stammes im Gastrointestinaltrakt zu erreichen. Besonders Laktobazillen und Bifidobakterien wurden eingesetzt, ohne daß Nebenwirkungen auftraten. Allerdings haben neuere Studien gezeigt, daß die Ansiedlung dieser Stämme im Sinne einer Infektionsprophylaxe nicht effektiv war und sie nur einen begrenzten Schutz für eine kurze Zeit gewährten.

Nissle hat bereits 1916 die orale Anwendung apathogener *E.-coli*-Stämme mit antagonistischen Fähigkeiten zur Verhinderung von gastrointestinalen Infektionen vorgeschlagen. Die erste Untersuchung zur Kolonisation von Neugeborenen mit einem apathogenen *E.-coli*-Stamm wurde bereits 1967 veröffentlicht. Seither ist dieser Ansatz in zahlreichen Untersuchungen verfolgt worden.

Physiologische Besonderheiten von Neu- und Frühgeborenen

Das reife Neugeborene verfügt von Geburt an über einige Abwehrmechanismen. Neben übertragenen Antikörpern von der Mutter erhält es über die Muttermilch mehr als 100 weitere Substanzen mit Abwehrfähigkeiten. Zudem ist sein eigenes Immunsystem nach der Geburt bereits voll entwickelt.

Dem Frühgeborenen fehlen fast alle diese Faktoren. Der Transfer von mütterlichen Antikörpern ist nicht oder nicht ausreichend erfolgt, denn er findet normalerweise in den letzten Wochen der Schwangerschaft statt. Das Immunsystem ist noch nicht ausgereift. Oft bekommt ein Frühgeborenes auch keine Muttermilch und erhält deshalb auch keine weiteren Immunfaktoren.

Die ersten 12 Wochen sind aus immunologischer Sicht die wichtigste Periode im Leben eines Neugeborenen, denn in diesem Zeitraum verliert es die passiv übertragenen Antikörper, während die eigene Produktion noch nicht vollständig begonnen hat. Wir bezeichnen daher diese Periode der ersten drei Monate auch als "Null-Immunität".

Beeinflussung der Antikörperantwort durch *E.-coli*-Kolonisation

Normalerweise findet die Besiedlung des Gastrointestinaltraktes völlig zufällig statt. Sie ist abhängig von der Mutter, von der Umgebung und von vielen anderen Faktoren. In Studien sollte nun untersucht werden, inwiefern man die Kolonisation insbesondere des Darms, die nach der Geburt stattfindet, mit Hilfe apathogener *E.-coli*-Stämme beeinflussen kann.

Zunächst wurde der *E.-coli*-Stamm O83:K24:H31 benutzt, um in diesen zufälligen Prozess einzugreifen und eine Prävalenz dieses bekannten, apathogenen Stammes zu erreichen. Wurden die Kinder innerhalb der ersten 48 h nach der Geburt kolonisiert, war dieser Stamm für längere Zeit unter den *E.-coli*-Stämmen vorherrschend. Erst nach 12 Wochen, also nach der Periode der Null-Immunität, wurde der Darm langsam auch von anderen *E.-coli*-Stämmen besiedelt (Abb. 1).

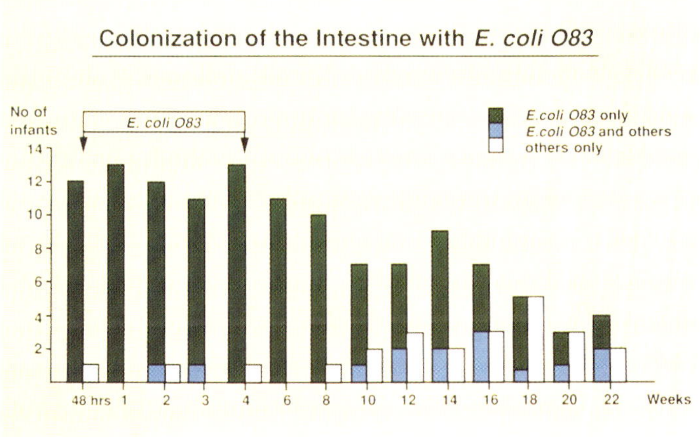

Abb. 1: Prävalenz des apathogenen *E.-coli*-Stammes 083:K24:H31 über 12 Wochen nach Kolonisation des Intestinums von Neugeborenen

Interessanterweise zeigte sich, daß bei den kolonisierten nicht gestillten Kindern die IgA-Produktion im Vergleich zu Kontrollen signifikant gesteigert war. Die Antikörper wurden mit ELISA im Stuhl nachgewiesen.

Die gleichen Ergebnisse erbrachte der Antikörpernachweis im Speichel, und hier fanden sich auch für IgM-Antikörper signifikante Unterschiede zwischen kolonisierten und nicht kolonisierten Kindern. Für Flaschenkinder und Brustkinder wurde durch die Kolonisation in etwa die gleiche Menge an Antikörpern erzielt, sowohl in der IgM- als auch in der IgA-Klasse (Abb. 2).

Diese Ergebnisse können klinisch sehr bedeutsam sein, insbesondere für Flaschenkinder. Brustkinder verfügen über sekretorische IgA aus der Milch, aber bei den Flaschenkindern ist es möglich, durch die Kolonisation die IgA-Antikörper-Antwort zu erhöhen und ihnen so einen wichtigen Schutz zu bieten.

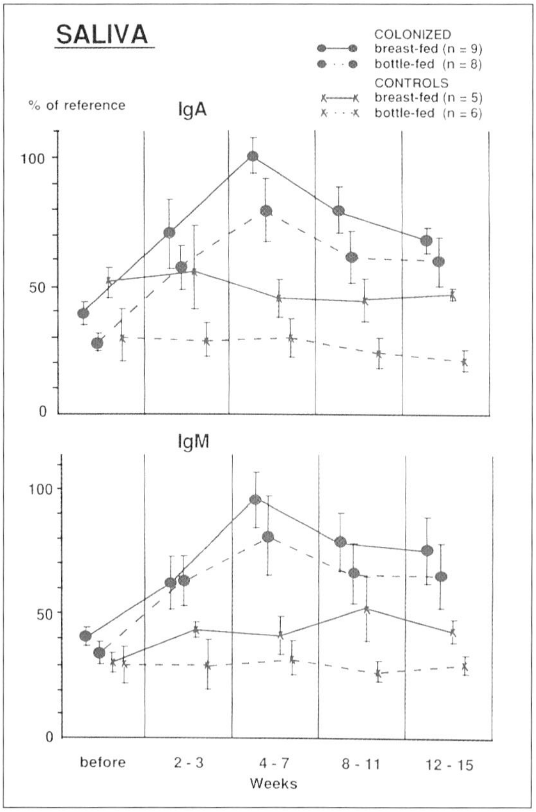

Abb. 2:
IgA- und IgM-Antikörper im Speichel von mit dem *E.-coli*-Stamm 083:K24:H31 kolonisierten Neugeborenen vs. Kontrollen

Der zweite *E.-coli*-Stamm, der zur Kolonisation benutzt wurde, war der *E.-coli*-Stamm Nissle 1917 (Mutaflor®). Nach der Kolonisation von gesunden Neugeborenen war der Mutaflor®-Stamm selbst nach 6 Monaten noch im Stuhl nachweisbar. Er siedelt sich also dauerhaft an. Nach 21 Tagen gab es noch eine Prävalenz des Mutaflor®-Stammes, erst im Laufe der Zeit siedelten sich andere *E.-coli*-Stämme ebenfalls an.

Die Antikörperantwort wurde zusätzlich an Frühgeborenen und an einer nicht besiedelten Kontrollgruppe von Frühgeborenen untersucht. IgA und IgM im Stuhl waren bei den Reifgeborenen zu allen Zeitpunkten höher als bei den Frühgeborenen, aber die besiedelten Frühgeborenen hatten eine signifikant stärkere Antikörperantwort als die Kontrollgruppe. Im Serum war die Immunantwort der Frühgeborenen sogar stärker ausgeprägt als die der Reifgeborenen.

Es ist bekannt, daß der Kontakt mit Antigenen zu einem frühen Zeitpunkt die Entwicklung von Immunreaktionen stimuliert, während das darmassoziierte Immunsystem auf bekannte Antigene im späteren Leben mit Toleranzentwicklung reagiert. Die Antwort auf Antigene scheint also altersabhängig zu sein, ein wichtiger Gesichtspunkt für die Klinik. Die Ursache dafür muß noch geklärt werden.

Eradikation von Pathogenen

Beobachtungen aus dem Institute for Care of Mother and Child in Prag belegen, welche Bedeutung die Zusammensetzung der Darmflora für die Gesundheit Neugeborener hat.

Über einen Beobachtungszeitraum von sechs bis sieben Monaten fanden sich auf der Neugeborenenstation in 60 % der Fälle Pathogene im Stuhl. Neben klinisch gesunden Kindern gab es auch Kinder, die durch diese Pathogene erkrankten, hauptsächlich an Diarrhöe, in einigen Fällen aber auch an Meningitis. Zwei der Kinder starben an einer solchen Meningitis. Alle hygienischen und sonstigen Maßnahmen führten zu keiner Verbesserung. Die Zahl der kranken Kinder sank zwar, aber die Zahl der Pathogene im Stuhl blieb gleich.

Nachdem vier Monate lang alle Kinder kolonisiert worden waren (n = 860), konnten die Pathogene auf 22 % reduziert werden. Nach Beendigung der Kolonisation stieg die Anzahl der Pathogene sofort wieder auf 60 % an.

Zu einem anderen Zeitpunkt kam es zu einer recht schweren, etwa sieben Monate andauernden Epidemie von *E.-coli*-Infektionen mit dem pathogenen Stamm O111. Sowohl kranke Kinder als auch Keimträger mußten daraufhin mit Antibiotika behandelt werden. Nach Beginn der Kolonisation gab es auch hier im ersten Monat nur noch Keimträger, jedoch keine erkrankten Kinder mehr. Im zweiten Monat wurde der pathogene *E.-coli*-Stamm komplett eradiziert.

In einer doppelblinden Studie mit Mutaflor® bei reifen Neugeborenen zeigte sich, daß die Anzahl pathogener Keime bei kolonisierten Kindern wesentlich geringer war als in der Placebo-Gruppe. Eine dritte Gruppe war nicht geplant, aber es kam im Verlauf der Studie zur akzidentellen Cross-Kontamination einiger Kinder der Placebo-Gruppe mit Mutaflor®. In dieser Gruppe war der Effekt nicht so ausgeprägt wie in der Gruppe, die behandelt worden war, wahrscheinlich wegen der wesentlich geringeren Keimzahl, aber es war eine Verbesserung nachweisbar.

In der Behandlungsgruppe fanden sich 42 verschiedene Pathogene in den Stuhlproben, in der Placebo-Gruppe dagegen 83.

Rückgang von Infektionen bei kolonisierten Frühgeborenen

In einer neueren Untersuchung wurden 230 Frühgeborene mit *E. coli* O83:K24:H31 kolonisiert und mit 204 Kontrollen verglichen. Die Beobachtungszeit betrug zwei Jahre. Es zeigte sich, daß in der kolonisierten Gruppe weniger Kinder erkrankten als in der Kontrollgruppe. Die Gesamtzahl der Infektionen ging auf etwa die Hälfte zurück.

86 % der Pathogene, die bei Aufnahme gefunden wurden, verschwanden nach der Kolonisation aus dem Stuhl. In der Kontrollgruppe kam es zur spontanen Eradikation von nur 25 % der Pathogene. Darüber hinaus ist entscheidend, daß in der Kontroll-

gruppe 21 Kinder an Infektionen verstarben, also 10% der Gruppe, in der kolonisierten Gruppe dagegen nur 2 (0,9%) (Tab. 1).

The Incidence of Infections and Single Infections

Group	Colonized	Controls
	n = 230	n = 204
Number of sick infants	45 (19.56 %)	75 (36.76 %)
Total number of infections	65	112
Contribution of specific infections to the total number of infections (%)		
Septicaemia	32.3	47.3
Candida infections	18.5	10.7
Bronchopneumonia	15.4	13.4
Viral infections	7.7	6.2
Other infections	9.2	5.3
Urinary tract infections	6.1	7.1
Gastrointest. infections	6.15	4.5
Meningitis	4.6	5.35
Number of Deaths		
Group	Colonized	Controls
Birth weight (g)		
< 999		4
1000 - 1499	1	11
1500 - 1999		3
2000 - 2499	1	8
2500 - 2999		1
Total	2 (0.86 %)	27 (13.23 %)
Caused by infections	2 (0.86 %)	21 (10.29 %)

Tab. 1: Inzidenz von Infektionen bei mit dem *E.-coli*-Stamm 083:K24:H31 kolonisierten Neugeborenen vs. Kontrollen

Reduzierung von Pathogenen durch Vakzine

Eine aus einer Suspension des *E.-coli*-Stammes O83:K24:H31 hergestellte Vakzine, Colinfant, wirkt in der gleichen Weise wie der Bakterienstamm. Nach einer antibiotischen Behandlung kommt es bei den Kindern in der Regel zu einem enormen Anstieg von Pathogenen. In der geimpften Gruppe zeigte sich genau das Gegenteil: Durch die Behandlung sank die Zahl der Pathogene signifikant ab.

In Kindern ohne Kolonisation, aber auch ohne antibiotische Behandlung, die zur Kontrolle untersucht wurden, fand sich ebenfalls eine recht hohe Zahl an Pathogenen.

Resümee

Die Ergebnisse bestätigen, daß die apathogenen *E.-coli*-Stämme, die zur Kolonisation von Neu- und Frühgeborenen benutzt wurden, gut kolonisieren können und in der Lage sind, sich im Gastrointestinaltrakt längerfristig anzusiedeln.

Der Wirkmechanismus ist noch nicht genau verstanden. Wahrscheinlich handelt es sich um einen komplexen Mechanismus, dessen wichtigster Anteil der Antagonismus ist. Colinfant und der Mutaflor®-*E.-coli*-Stamm haben beide eine sehr gute Adhäsionsfähigkeit. Die Mikroorganismen besetzen die Rezeptoren der Schleimhaut. Diese sind dementsprechend schon belegt, wenn Pathogene anfluten.

Der Vorteil einer Kolonisation direkt nach der Geburt ist, daß der Darm zu diesem Zeitpunkt steril ist. Als Erstbesiedler hat ein Bakterienstamm einen großen Vorteil.

Indem man die zufällige Kolonisation aus der Umgebung, im Zuge derer sich auch Pathogene ansiedeln können, durch eine gezielte Kolonisation mit oral verabreichten *E.-coli*-Stämmen, die über vorteilhafte Eigenschaften verfügen, ersetzt, erschließt sich eine Möglichkeit, nosokomiale Infektionen zu verhindern. Dies ist besonders für nicht gestillte und Hochrisikokinder wie beispielsweise Frühgeborene interessant.

Dr. R. Lodinová-Žádníková

Institute for Care of Mother and Child
Podolské nábr. 157
14710 Praha 4-Podolí, Czech Republic

Literatur

1. Lodinová-Žádníková, R., Sonnenborn, U. Effect of preventive administration of a non-pathogenic *Escherichia coli* strain on the colonization of the intestine with microbial pathogens in newborn infants. Biol. Neonate (1997) 71: 224-32
2. Lodinová-Žádníková, R., Tlaskalová-Hogenová H., Sonnenborn, U. Local and serum antibody response in full-term and premature infants after artificial colonization of the intestine with *E. coli* strain Nissle 1917 (Mutaflor®). Pediatr. Allergy Immunol. (1992) 3: 43-48
3. Lodinová-Žádníková, R., Tlaskalová-Hogenová H., Bartáková, Z. The antibody response in infants after colonization of the intestine with *E. coli* O83. Artificial colonization used as prevention against nosocomial infections. Adv. Exp. Med. Biol. (1991) 310: 329-33

Prof. Dr. S. Müller-Lissner

Kolonflora und chronische Obstipation

von S. Müller-Lissner

Zusammenfassung

Ballaststoffe können durch die Enzyme der Verdauungssekrete nicht gespalten werden. Die Darmflora vermag diese Ballaststoffe jedoch großenteils zu spalten, wobei als Endprodukte vorwiegend kurzkettige Karbonsäuren entstehen (Acetat, Propionat, Lactat und Butyrat). Diese werden resorbiert und stehen dem Wirtsorganismus als Energiequelle vor allem für die Ernährung der Kolonozyten zur Verfügung. Zusätzlich werden sie allerdings von den Bakterien zu deren eigenem Unterhalt verwandt.

Je schlechter ein Ballaststoff bakteriell spaltbar ist (z. B. Weizenkleie), desto mehr behält er seine Wasserbindungsfähigkeit bis zum Ende der Darmpassage bei und vermehrt somit das Stuhlvolumen. Für sehr leicht spaltbare Ballaststoffe (z. B. Laktulose, Guar, Pektin) gilt das umgekehrte. Sie werden bakteriell derartig rasch und vollständig gespalten, daß der Effekt auf das Stuhlvolumen bei langsamem Transit recht gering ist. Der Ballaststoffgehalt der Nahrung und deren Spaltbarkeit sind wichtige Determinanten der Kolonfunktion. Durch sehr ballaststoffarme Kost wird eine Obstipation begünstigt; eine leichte Obstipation kann durch Ballaststoffe gebessert werden.

Die Zusammensetzung der Kolonflora variiert interindividuell und ist zu komplex für eine genaue Kartierung. Auch kann sie durch Verschiebung der Nahrungszusammensetzung beeinflußt werden. Dies liefert eine rationale Begründung dafür, daß eine Ballaststofftherapie über wenigstens eine Woche durchgeführt werden muß, bevor eine Wirkung erwartet werden kann.

Es gibt Anhaltspunkte dafür, daß bestimmte Keime zur Obstipation führen und daß die "Korrektur" der Kolonflora die Obstipation zu bessern vermag. Die orale Gabe eines speziellen *E.-coli*-Stammes (Nissle 1917) ist der Gabe von Laktulose in der Wirksamkeit gleichwertig und hinsichtlich der Nebenwirkungen überlegen. Unklar bleibt, ob primär sekretorische oder motorische Effekte erzielt werden. Als chemische Mediatoren denkbar sind Stoffwechselprodukte der Bakterien oder bakteriell erzeugte Spaltprodukte von Ballaststoffen. Auch wäre es denkbar, daß bestimmte Bakterienstämme Ballaststoffe in einer Art spalten, die volumenwirksamere Abbauprodukte mit erhöhter Wasserbindungsfähigkeit entstehen läßt.

Summary

Dietary fibres cannot be digested by the digestive enzymes. The intestinal microflora decomposes most of the dietary fibres by cleaving them to short chain fatty acids (acetate, propionate, lactate, and butyrate). These can be absorbed and provide nutrition for the host organism, especially for the colonocytes. Moreover, the bacteria use short chain fatty acids as a source of their own nutrition.

Fibres that are not easily decomposed (e.g. wheat bran) will keep their water binding capacity to the end of the bowel transit thus increasing stool volume. In contrast, fibres that can be decomposed easily (e.g. lactulose, guar, pectine) are rapidly and completely dissolved and have little effect on stool volume in slow transit. The dietary fibre content and fibre decomposition properties are important factors determining colonic function. Diets very low in fibre will promote constipation, while constipation may be relieved by adding fibre to the diet.

Composition of the colonic microflora varies interindividually and is too complex to be exactly determined. It can be influenced by alterations in the diet. This is why a therapeutic increase in dietary fibre has to be maintained over at least one week before an effect may be expected.

Evidence exists that certain bacteria lead to constipation, whereas a "correction" of the colonic microflora relieves constipation. Oral application of a special *E. coli* strain (Nissle 1917) is equally effective as lactulose and has fewer side-effects. It remains unclear, wether secretory or motoric effects prevail. Chemical mediators such as products of bacterial metabolism or decomposed fibres, may account for the effects. Moreover, certain bacterial strains decompose fibres in a way that leads to degradation products with an enhanced water-binding capacity, thus having a greater effect on stool volume.

Einführung

Die Zahl der Bakterien, die den Gastrointestinaltrakt besiedeln, ist beträchtlich und schwankt zwischen den einzelnen Abschnitten. Die Keimzahl im Kolon beträgt 10^{12} bis 10^{14}. Diese Bakterien sind nicht nur potentiell oder tatsächlich gefährlich, sondern sie üben im Gastrointestinaltrakt auch eine Vielzahl physiologischer Funktionen aus.

Beim Pflanzenfresser beispielsweise ist die Kolonflora lebensnotwendig, da Ballaststoffe einen erheblichen Teil der Nahrung ausmachen, durch die spezieseigenen Enzyme der Verdauungssekrete jedoch nicht gespalten werden können. Die Darmflora vermag diese Ballaststoffe großenteils zu spalten, wobei als Endprodukte kurzkettige Karbonsäuren entstehen (Acetat, Propionat, Butyrat und Lactat). Diese werden resorbiert und stehen dem Wirtsorganismus als Energiequelle zur Verfügung. Teilweise werden sie auch von den Bakterien zu deren eigenem Unterhalt und zur Reproduktion verwandt.

Beim Menschen entstehen aus der bakteriellen Spaltung im Kolon ebenfalls kurzkettige Karbonsäuren wie Acetat, Propionat, Butyrat und Laktat. Diese dienen der Ernährung der Bakterien selbst. Außerdem sind die Spaltprodukte aber auch die Nahrung für Kolonozyten. Butyrat ist der wichtigste Nährstoff der Kolonozyten. Ein Mangel an kurzkettigen Karbonsäuren kann entzündliche Prozesse im Darm begünstigen.

Funktion der Ballaststoffe

Es gibt eine ungeheure Vielfalt an Ballaststoffen, jedoch keine befriedigende Definition für diesen Begriff. Man nennt sie auch "höhermolekulare Nahrungsbestandteile, die von den dünndarmeigenen Enzymen nicht gespalten werden können".

Zu den natürlichen Ballaststoffen gehört das Lignin, ein bakteriell schlecht spaltbarer Stabilisierungsbestandteil der pflanzlichen Zellwand. Nicht-Stärke-Polysaccharide, von denen die bekannteste die Zellulose ist, sind ebenfalls schlecht bakteriell spaltbare Pflanzenzellbestandteile. Andere Ballaststoffe sind Speichersubstanzen wie Muzine, Pektin und Guar (Abb. 1).

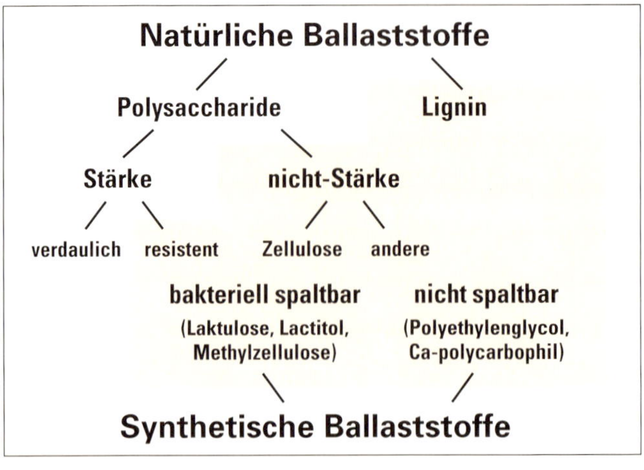

Abbb. 1: Natürliche und synthetische Ballaststoffe

Stärke kann von den im Gastrointestinaltrakt vorhandenen Amylasen gespalten werden. Allerdings gibt es auch resistente Stärke, die nicht aufgeschlossen werden kann.

Man unterscheidet drei verschiedene Typen von resistenter Stärke. Typ I ist weder für Enzyme, noch für Bakterien physikalisch angehbar. Sie kommt beispielsweise in nicht geschrotetem Leinsamen vor.

Typ II ist eine kristalline Stärke, wie sie z.B. in rohen Kartoffeln vorliegt. Durch Kochen kann sie in Lösung gebracht werden. Beim Abkühlen kristallisiert diese Stärke in einer anderen Kristallstruktur aus, die auch durch Kochen nicht mehr gelöst werden kann. Es handelt sich dann um resistente Stärke vom Typ III.

Zu den synthetischen, nicht bakteriell spaltbaren Ballaststoffen gehören Polyethylenglykol oder Calciumpolycarbophil. Diese Substanzen kommen in der Endoskopievorbereitung zur Anwendung. Der bekannteste bakteriell spaltbare synthetische Ballaststoff ist Laktulose. Weitere zu dieser Gruppe gehörende Substanzen sind Lactitol und Methylzellulose.

Ballaststoffe wirken physiologischerweise auf den Stuhlgang durch ihre Wasserbindungsfähigkeit, die zu einer Zunahme des Stuhlgewichts führt. Allerdings korreliert die Wasserbindungsfähigkeit nicht gut mit der Erhöhung des Stuhlgewichts. Einige Ballaststoffe sind hervorragende Quellstoffe und binden sehr viel Wasser, erhöhen aber das Stuhlgewicht nur relativ gering. Die Weizenkleie, die das Stuhlgewicht gut erhöht, hat in vitro eine relativ geringe Wasserbindungsfähigkeit. Tatsächlich behält die Kleie ihre in-vitro-Wasserbindungsfähigkeit in vivo ungefähr bei.

Die Ursache für diese Unterschiede liegt in der bakteriellen Spaltbarkeit bestimmter Ballaststoffe. Ballaststoffe, die bakteriell nicht spaltbar sind, binden nur Wasser und erhöhen ausschließlich über diesen Effekt das Stuhlvolumen. Sind sie bakteriell spaltbar, so werden sie zu kurzkettigen Karbonsäuren abgebaut. Dadurch verlieren sie einen Teil ihrer Wasserbindungsfähigkeit. Allerdings erhöht sich die Bakterienmasse, was jedoch nur einen geringen Effekt auf das Stuhlvolumen hat (Abb. 2).

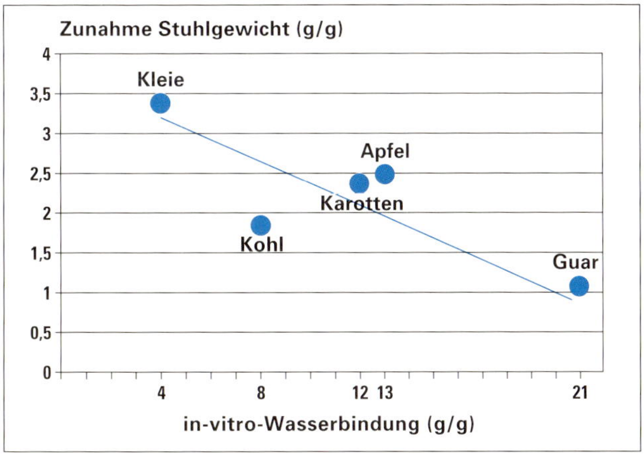

Abbb. 2:
Wasserbindung durch Ballaststoffe in vitro und Zunahme des Stuhlgewichts

Durch die Erhöhung des Stuhlvolumens wird die propulsive Motilität erhöht, die Kolontransitzeit sinkt. In der Folge wird weniger Wasser absorbiert. Das Stuhlvolumen nimmt dadurch noch zusätzlich zu.

Je schlechter ein Ballaststoff bakteriell spaltbar ist (z. B. Weizenkleie), desto mehr behält er seine Wasserbindungsfähigkeit bis zum Ende der Darmpassage bei und vermehrt somit das Stuhlvolumen. Für sehr leicht spaltbare Ballaststoffe (z. B. Laktulose, Guar, Pektin) gilt das umgekehrte. Sie werden bakteriell derartig rasch und vollständig gespalten, daß der Effekt auf das Stuhlvolumen bei langsamem Transit recht gering ist bzw. nur bei höheren Dosen in Erscheinung tritt.

Der Ballaststoffgehalt der Nahrung und deren Spaltbarkeit sind somit die wichtigsten durch die Ernährung beeinflußbaren – aber bei weitem nicht die einzigen – Determinanten der Kolonfunktion. Durch sehr ballaststoffarme Kost wird eine Obstipation begünstigt, eine leichte Obstipation kann durch Ballaststoffe gebessert werden.

Pathophysiologie der chronischen Obstipation

Die Obstipation gilt als Zivilisationskrankheit. Burkitt hat gezeigt, daß es eine Beziehung zwischen der Ernährung und dem Stuhlgewicht bzw. der Transitzeit gibt. Werden relativ wenig Ballaststoffe mit der Nahrung aufgenommen, führt dies zu niedrigen Stuhlgewichten und langen Transitzeiten. Eine hohe Zufuhr an Ballaststoffen führt zu sehr hohen Stuhlgewichten und kurzen Transitzeiten.

Allerdings ist ein direkter Zusammenhang zwischen Ernährung und Obstipation nicht unbedingt nachzuweisen. Untersuchungen haben gezeigt, daß kein prinzipieller Unterschied zwischen der Ernährung von Gesunden und Verstopften besteht. In Studien, die Effekte von Ballaststoffen auf den Stuhlgang untersucht haben, konnte man für die Weizenkleie bezüglich Transitzeit und Stuhlgewicht einen echten Effekt der Ballaststoffe messen. Allerdings hatten die gesunden Probanden immer höhere Stuhlgewichte und kürzere Transitzeiten als die Verstopften, unabhängig davon, ob sie Weizenkleie bekamen oder nicht.

Bei Obstipationspatienten spielen also neben einem Ballaststoffmangel, der im Einzelfall zweifellos zur Obstipation führen mag, noch andere Faktoren, vornehmlich die Zusammensetzung der Kolonflora, eine Rolle. Die Zusammensetzung der Kolonflora kann durch Verschiebung der Nahrungszusammensetzung in gewissen Grenzen variiert werden. Der Effekt setzt jedoch nicht sofort ein. Dies liefert eine rationale Begründung dafür, daß eine Ballaststofftherapie über wenigstens eine Woche durchgeführt werden muß, bevor eine Wirkungslosigkeit angenommen werden darf.

Rolle der Darmflora bei der chronischen Obstipation

Die Zusammensetzung der Kolonflora variiert interindividuell und ist zu komplex für eine genaue Kartierung. Es ist vorstellbar, aber nicht belegt, daß bestimmte Keime zur Obstipation führen. Möglicherweise produzieren pathogene Keime im Kolon Kontrakinetika. Ein spezifisches Pathogen wurde bisher nicht nachgewiesen. Allerdings haben Studien gezeigt, daß eine "Korrektur" der Kolonflora die Obstipation zu bessern vermag.

In einer Studie wurden 8 Frauen mit Obstipation oral mit Vancomycin behandelt, einem nicht resorbierbaren Antibiotikum. Unter dieser Behandlung besserte sich der Score der Stuhlkonsistenz. Die Notwendigkeit, beim Stuhlgang zu pressen, wurde geringer, und die Stuhlfrequenz stieg an. Allerdings war der Effekt nur bei einer dieser Patientinnen auch noch vorhanden, nachdem das Antibiotikum abgesetzt war.

Die Wirkung der Antibiotika beruht auf der Unterdrückung der bakteriellen Spaltung der Ballaststoffe. Die noch vorhandenen Ballaststoffe im Stuhl waren unter der antibiotischen Behandlung erhöht, das Stuhlgewicht war verdoppelt. Beim Absetzen der Therapie ist auch dieser Effekt reversibel. Antibiotika kommen allerdings als Dauertherapie nicht in Frage.

Ein Case-Report berichtet über eine 43-jährige Frau, die seit 3 Jahren unter einer schwersten Obstipation litt. Unter Vancomycin normalisierte sich der Stuhlgang für 4 Wochen. Nach Absetzen des Antibiotikums kam es sofort zum Rezidiv. Schließlich behandelte man die Patientin mit einer rektalen Instillation von Stuhl des Ehemannes, und von da an war sie geheilt. Auch die zuvor bei der Patientin diagnostizierte paradoxe Sphinkterkontraktion trat hiernach nicht mehr auf.

Die Wiederherstellung einer gesunden Darmflora durch die Implantation eines definierten Bakterienstammes ist ein historisch älterer, bezüglich seines Wirksamkeitsnachweises aber neuer Therapieansatz. Hierzu existieren bisher ausschließlich Untersuchungen mit dem *E.-coli*-Stamm Nissle 1917 (Mutaflor®).

In einer Studie hat man die Patienten 12 Wochen lang täglich entweder mit 2mal 15 ml Laktulose oder mit 3mal 1 Kapsel des *E.-coli*-Präparats behandelt. Im Ergebnis war das *E.-coli*-Präparat der Laktulose deutlich überlegen, denn die Laktulose hatte wesentlich mehr Nebenwirkungen. Die erreichte Stuhlfrequenz war unter beiden Präparaten etwa gleich (Abb. 3).

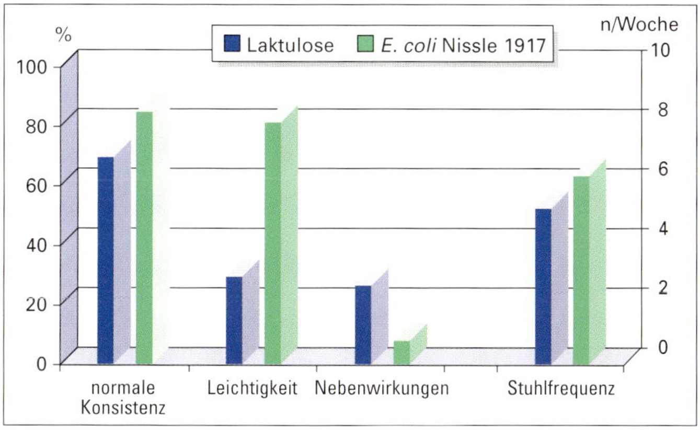

Abb. 3: Behandlung der chronischen Obstipation mit *E. coli* Nissle 1917. Randomisierte Studie vs. Laktulose. Ergebnisse nach 12wöchiger Therapie

In der anderen Studie wurde Mutaflor® gegen Placebo getestet. Nach vierwöchiger Therapie war die Stuhlfrequenz unter Placebo etwas besser, aber unter dem Verum deutlich gebessert bis hin zur Normalisierung. Patienten, die mit der Therapie unzufrieden waren, wurden auf die andere Substanz umgesetzt. Bei den Placebo-Patienten, die umgesetzt wurden, stieg die Stuhlfrequenz danach drastisch an. In dieser doppelblinden Studie gegen Placebo ließ sich sehr gut nachweisen, daß Mutaflor® bei einfacher chronischer Obstipation wirksam ist (Abb. 4).

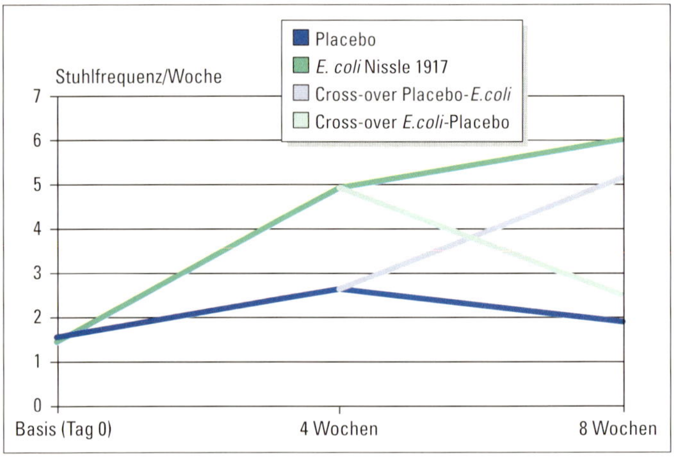

Abb. 4: Behandlung der chronischen Obstipation mit *E. coli* Nissle 1917. Placebo-kontrollierte Doppelblindstudie (Cross-over nach 4 Wochen bei Therapieversagern)

Wirkmechanismus des *E.-coli*-Stammes Nissle 1917 bei chronischer Obstipation

Zum Wirkmechanismus des *E.-coli*-Stammes Nissle 1917 bei chronischer Obstipation gibt es einige Hypothesen. Unklar bleibt, ob primär sekretorische oder motorische Effekte erzielt werden. Der *E. coli* könnte entweder mit anderen Keimen interferieren, oder er könnte eine Substanz produzieren, die entweder sekretagog oder prokinetisch wirksam ist. Als chemische Mediatoren denkbar sind Stoffwechselprodukte der Bakterien oder bakteriell erzeugte Spaltprodukte von Ballaststoffen. Möglicherweise entstehen durch die Spaltung von Ballaststoffen Substanzen, die volumenwirksamer sind, z. B. indem sie die Wasserbindungsfähigkeit weiter erhöhen.

Inzwischen gibt es Hinweise aus in-vitro-Untersuchungen, daß möglicherweise stationäre Kontraktionen, die den Stuhl im Kolon festhalten, durch Produkte dieser Bakterien gehemmt werden. Wird der Überstand von Bakterienkulturen stark verdünnt, hemmt er die basale und die Carbachol-stimulierte Kontraktion. Zur genauen Klärung des Wirkmechanismus und der Bedeutung der Kolonflora für die Motilität müssen diese Ansätze jedoch noch weiter verfolgt werden.

Prof. Dr. S. Müller-Lissner

Park-Klinik Weißensee
Innere Medizin
Schönstraße 80
D-13086 Berlin

Literatur

1. Andrews, P.J., Barnes, P., Borody, T.J. Chronic constipation reversed by restoration of bowel flora. A case and a hypothesis. Eur. J. Gastroenterol. Hepatol. (1992) 4: 245-47
2. Bruckschen, E., Horosiewicz, H. Chronische Obstipation. Vergleich von mikrobiologischer Therapie und Lactulose. Münch. Med. Wschr. (1994) 136: 241-45
3. Cummings, J.H., Southgate, D.A.T., Branch, W., Houston, H., Jenkins, D.J.A., James, W.P.T. Colonic response to dietary fibre from carrot, cabbage, apple, bran and guar gum. Lancet (1978) 1: 5-8
4. Daly, J., Tomlin, J., Read, N.W. The effect of feeding xantham gum on colonic function in man: correlation with in vitro determinants of bacterial breakdown. Br. J. Nutr. (1993) 69: 987-92
5. Möllenbrink, M., Bruckschen, E. Behandlung der chronischen Obstipation mit physiologischen *Escherichia-coli*-Bakterien. Med. Klin. (1994) 89: 587-93
6. Voderholzer, W.A., Adler, G., Müller-Lissner, S.A. Der Effekt von *E. coli* Stamm Nissle 1917 auf die Motilität des Rattencolons in vitro. Z. Gastroenterol. (1997) 35: 832

Dr. B. J. Rembacken

Adhäsive *Escherichia coli* bei chronisch entzündlichen Darmerkrankungen

von B.J. Rembacken, A.M. Snelling, A. Vail, P.M. Hawkey, A.T.R. Axon

Zusammenfassung

Eine infektiöse Ätiologie für Colitis ulcerosa wird unter anderem aufgrund der histologischen Ähnlichkeiten zwischen infektiöser Colitis und Colitis ulcerosa vermutet.

Eine doppelblinde, Placebo-kontrollierte Studie hat gezeigt, daß oral gegebenes Tobramycin kurzfristig die Darmflorazusammensetzung verändert und einen signifikant positiven Effekt hat. Die Rezidivraten waren jedoch in beiden Gruppen identisch.

Wir haben eine randomisierte Doppelblindstudie durchgeführt, um zu prüfen, ob eine langfristige Veränderung der Darmflorazusammensetzung durch Vorbehandlung mit Gentamicin und anschließende Kolonisation mit dem apathogenen *E.-coli*-Stamm Nissle 1917 Rezidive ebensogut verhindern kann wie Mesalazin.

116 Patienten wurden rekrutiert, 59 erhielten Mesalazin, 57 *E. coli* Nissle 1917. Alle Patienten erhielten zusätzlich 80 mg Gentamicin oral für eine Woche. Die Patienten wurden drei Strata zugeteilt, in denen sie je nach Schweregrad des akuten Schubs topische Steroide, 30 mg oder 60 mg Prednisolon erhielten. Nach Erreichen der Remission wurden die Patienten für maximal 12 Monate oder bis zum Eintritt eines Rezidivs beobachtet. 44 (75 %) der Patienten der Mesalazin-Gruppe erreichten die Remission, gegenüber 39 (68 %) in der *E.-coli*-Gruppe. Die Zeit bis zum Eintritt der Remission betrug im Median 42 Tage (Mesalazin) und 37 Tage (*E. coli*). Aus der Mesalazin-Gruppe erlitten 32 (73 %) innerhalb eines Jahres ein Rezidiv, gegenüber 26 der *E.-coli*-Patienten (67 %). Die Remissionsdauer betrug im Median 175 Tage (Mesalazin) bzw. 185 Tage (*E. coli*). Beide Medikationen wurden gut vertragen, und es traten keine schwerwiegenden Nebenwirkungen auf.

Unsere Ergebnisse zeigen, daß im Anschluß an eine einwöchige Gentamicin-Therapie die Behandlung mit dem probiotischen *E.-coli*-Stamm Nissle 1917 der Mesalazin-Behandlung in bezug auf die Remissionserhaltung äquivalent ist.

Summary

An infective aetiology for ulcerative colitis (UC) has been proposed as there are common histological features between infective colitis and UC.

A previous double-blind, placebo-controlled study has demonstrated that tobramycin confers a significant benefit in the short term when given orally in active UC. The benefit may reflect short-term changes in the gut flora as the relapse rates were identical in the two groups.

We have undertaken a double-blind, randomized trial to determine if the induction of a lasting change in the colonic flora by pre-treatment with gentamicin, followed by seeding with a non-pathogenic strain of *E. coli* (Nissle 1917) could prevent relapses of the disease as well as mesalazine.

116 patients were recruited, 59 were randomized to receive mesalazine and 57 to treatment with *E. coli*. All patients also received gentamicin 80 mg tds orally for one week. Randomization was stratified into three treatment groups: (1) topical steroids, (2) prednisolone 30 mg, or (3) prednisolone 60 mg. After remission had been achieved, patients were followed until relapse or for a maximum of twelve months. 44 (75%) patients in the mesalazine group attained remission compared with 39 (68%) in the group treated with *E. coli*. The median time to remission was 42 days for patients receiving mesalazine and 37 days for those treated with *E. coli*. In the mesalazine group, 32 (73 %) patients relapsed in the one year follow-up period compared with 26 (67 %) patients in the *E. coli* group. The median duration of remission in the mesalazine group was 175 days compared with 185 days in the group given *E. coli*. The medications were well tolerated and there were no serious side effects.

Our results suggest that following one week of oral gentamicin, maintenance treatment with probiotic *E. coli* has an equivalent effect to mesalazine in maintaining remission.

Einführung

Bestimmte apathogene *E. coli* haben einen positiven Effekt auf den Organismus. Sie werden beispielsweise zur Behandlung der Obstipation erfolgreich eingesetzt. Ein neueres Feld auf dem nicht-pathogene *E. coli* zur Anwendung kommen, sind chronisch entzündliche Darmerkrankungen wie Colitis ulcerosa.

Colitis ulcerosa wurde erstmals vor etwa 100 Jahren beschrieben. Die Patienten leiden an rezidivierenden entzündlichen Schüben des Dickdarms. Eine infektiöse Genese wurde schon früh vermutet, ist aber bis heute nicht bewiesen.

Infektiöse Pathogenese der Colitis ulcerosa

Mehrere Argumente sprechen für eine infektiöse Ätiologie der Colitis ulcerosa: Die Colitis ulcerosa betrifft den Teil des Darmes mit dem höchsten Gehalt an Bakterien, den Dickdarm. Es bestehen histologische Gemeinsamkeiten zwischen Colitis ulcerosa und infektiöser Colitis. Bei keimfrei aufgezogenen Tieren ist es selbst mit hochpotenten Toxinen sehr schwer, eine experimentelle Colitis auszulösen. IL-10- oder IL-2-knock-out-Mäuse entwickeln spontan eine Colitis-ulcerosa-ähnliche Erkrankung, unter keimfreien Bedingungen bleiben diese Tiere jedoch gesund. Offensichtlich besteht also eine Verbindung zwischen Darmflora und Colitis ulcerosa.

Ein Zusammenhang speziell mit *E. coli* wurde vermutet, weil Lymphozyten, die *E.-coli*-LPS ausgesetzt waren, Kolonozyten schädigen können. Hinweise aus Experimenten sprechen dafür, daß *E.-coli*-Stämme, die bei Patienten mit Colitis ulcerosa vorkommen, aggressiver sind. Die mannoseresistente Enteroadhärenz an buccale Epithelzellen und an Hep-2-Zellen ist bei diesen *E.-coli*-Stämmen ausgeprägter als bei Stämmen, die von gesunden Kontrollen isoliert wurden.

Antibiotika bei Colitis ulcerosa

Therapieversuche mit Antibiotika waren bei Colitis ulcerosa fast durchweg erfolglos. Tetracyclin, Vancomycin und Metronidazol, die bei M. Crohn wirksam sind, stellten sich bei Colitis ulcerosa als wirkungslos heraus. Die einzige Substanz, für die ein positiver Effekt im Rahmen einer in Leeds durchgeführten Studie nachgewiesen werden konnte, ist das Aminoglykosid-Antibiotikum Tobramycin.

1990 wurden 84 Patienten im akuten Schub einer Colitis ulcerosa doppelblind und randomisiert für eine Woche entweder mit Tobramycin oder mit Placebo behandelt. Nach 3 Wochen hatten in der Placebo-Gruppe nur 18 Patienten (43 %) den Remissionszustand erreicht, in der Tobramycin-Gruppe dagegen 31 Patienten (75 %). Tobramycin konnte den Eintritt der Remission beschleunigen, hatte aber keinen positiven Effekt auf die Remissionsdauer, wie sich in der 12-monatigen Nachuntersuchungsphase herausstellte.

Remissionserhaltung mit mikrobiologischen Arzneimitteln

Um eine länger andauernde Remission zu erzielen, erscheint es vielversprechend, nach Depression der Darmflora durch die antibiotische Behandlung einen physiologischen, apathogenen Keim anzusiedeln. Verschiedene Untersucher erzielten Erfolge mit fäkalen Einläufen.

In einer aktuellen Doppelblindstudie wurde in Leeds der Einfluß von *E.-coli*-Bakterien des Stammes Nissle 1917 (Mutaflor®) auf die Remissionserhaltung nach vorausgegangener Behandlung mit Gentamicin (wie Tobramycin ein Aminoglykosid-Antibiotikum) untersucht. Ziel der Studie war es, den therapeutischen Effekt von Mutaflor® und Mesalazin (Asacol®) miteinander zu vergleichen.

116 Patienten wurden randomisiert. 59 erhielten Mesalazin, 57 Mutaflor®. Die Studie wurde in der Double-Dummy-Technik durchgeführt. Beide Gruppen waren vergleichbar in bezug auf Alter, Erkrankungsdauer, Erkrankungsausdehnung, sigmoidoskopischen Entzündungs-Score und Vormedikation. Die Erkrankungsaktivität wurde mit Hilfe eines Klinischen Aktivitätsindex, der sich aus den Parametern tägliche Stuhlfrequenz, Blutbeimengungen zum Stuhl, Tenesmen, Operationen und Schleimabgang zusammensetzt, bestimmt.

Alle Patienten erhielten je nach Schweregrad der Erkrankung topische oder systemische Steroide als Standardtherapie für die Colitis ulcerosa im akuten Schub. Das Aminoglykosid Gentamicin wurde für eine Woche oral verabreicht. Zusätzlich erhielten 57 Patienten Mutaflor®, 59 Mesalazin. Nach Erreichen der Remission erhielten die Patienten weiterhin die jeweilige Prüfmedikation und wurden für maximal 12 Monate oder bis zum Eintritt eines Rezidivs weiterbeobachtet.

Ergebnisse

39 der Mutaflor®-Patienten und 44 der Mesalazin-Patienten erreichten die Remission innerhalb von 3 Monaten. Es gab keinen Unterschied zwischen beiden Gruppen bezüglich dieser Zeitspanne ($p < 0{,}05$). Die Zeitdauer bis zum Eintritt der Remission war im Median ebenfalls in etwa identisch, 37 Tage in der *E.-coli*-Gruppe, 42 Tage in der Mesalazin-Gruppe ($p < 0{,}01$) (Abb. 1).

Während der 12-monatigen Follow-up-Phase erlitten 67% der Mutaflor®-Patienten und 73% der Mesalazin-Patienten ein Rezidiv. Auch hier fand sich zwischen beiden Gruppen kein Unterschied ($p<0{,}01$). Die Remissionsdauer lag im Median bei 185 Tagen in der Mutaflor®-Gruppe und bei 175 Tagen in der Mesalazin-Gruppe ($p < 0{,}05$) (Abb. 2 und 3).

Das Rezidiv wurde jeweils klinisch, histologisch und makroskopisch bestätigt. Bei der kleinsten Veränderung der Symptomatik wurden die Patienten sofort untersucht und sigmoidoskopiert, im Gegensatz zu vielen Studien, in denen die Patienten in größeren Intervallen untersucht werden. Die Rezidive konnten so früher erfaßt werden. Die gefundene, relativ hohe Rezidivrate entspricht daher wahrscheinlich eher der Realität.

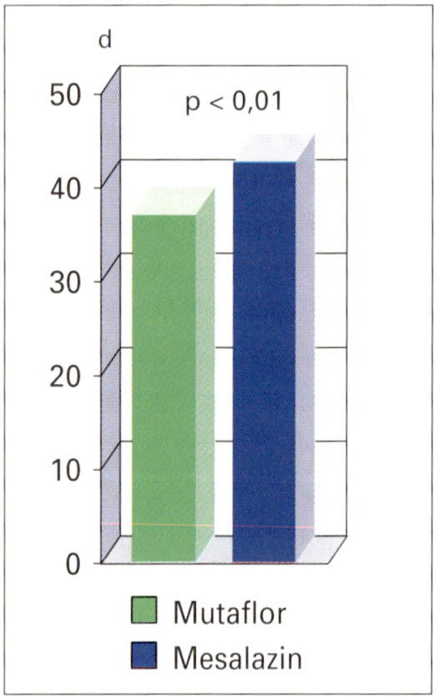

Abb. 1:
Zeit bis zum Eintritt der Remission in Tagen (Median)

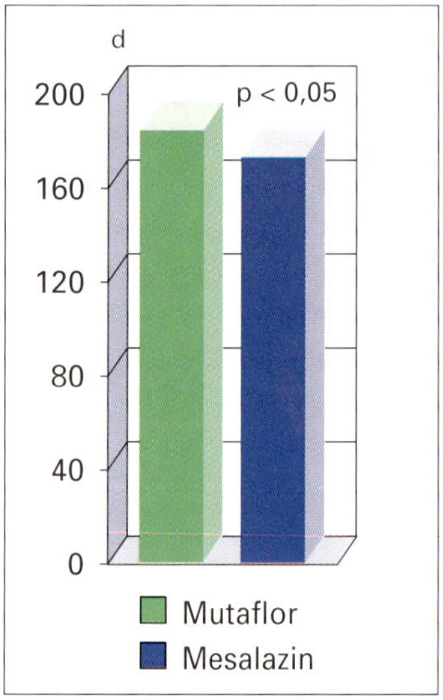

Abb. 2:
Remissiondauer in Tagen (Median)

Während der Studie sollten die Patienten regelmäßig Stuhlproben abgeben, um die Patienten, bei denen der *E.-coli*-Stamm Nissle 1917 nachweisbar war, mit denen vergleichen zu können, bei denen er nie im Stuhl gefunden wurde. Die Patienten scheinen von der Besiedlung des Darms mit Mutaflor®-Keimen zu profitieren, denn die Remissionsdauer in der Gruppe von Patienten, die *E. coli* Nissle 1917 im Stuhl hatten, betrug im Median 224 Tage (gegenüber 175 Tagen in der Mesalazin-Gruppe).

Die Nebenwirkungsrate war in beiden Gruppen identisch. Beide Medikationen wurden gut vertragen und es traten keine klinisch relevanten Nebenwirkungen auf. Es gab keinen statistisch signifikanten Unterschied zwischen beiden Gruppen.

Diskussion

Die Rezidivrate in der vorliegenden Studie war relativ hoch. In vorangegangenen Studien, die meist mit Sulfasalazin durchgeführt wurden, lag die Rezidivrate wesentlich niedriger. Die erste Studie aus dem Jahre 1963 berichtet nur über eine Rezidivrate von etwa 12 %. Darauffolgende Untersuchungen ergaben immer höhere Rezidivraten. Zwischen 1982 und 1989 ist die Rezidivrate unter Mesalazin unter Studienbedingungen von 22 auf 50 % angestiegen.

Entscheidend für diese extremen Unterschiede ist die Auswahl des Patientenkollektivs. Je länger sich ein Patient bei Einschluß bereits in Remission befindet, desto größer ist die Wahrscheinlichkeit, innerhalb des Beobachtungszeitraumes in Remission zu verbleiben, unabhängig von der Therapie.

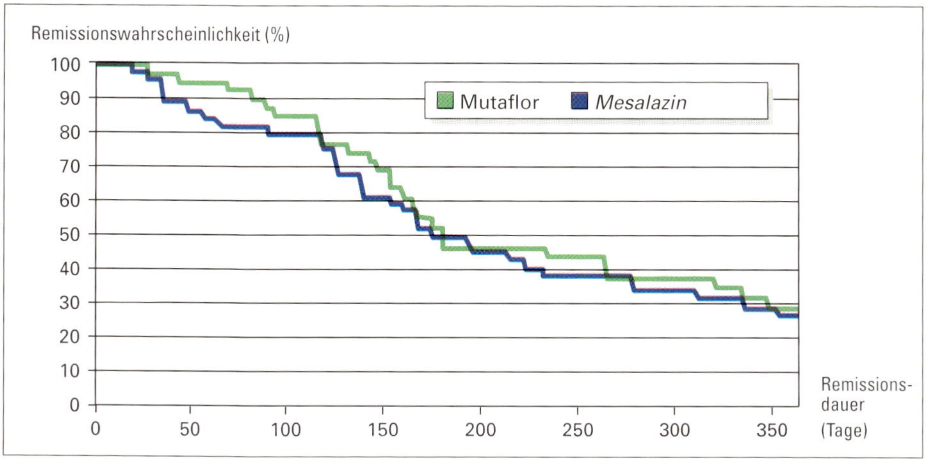

Abb. 3: Verlauf der Remission innerhalb von 12 Monaten (nach Kaplan-Meier)

In der vorliegenden Studie wurden die Patienten dagegen vom ersten Tag der Remission an geführt, an dem sie sich gut fühlten und die inaktive Colitis histologisch und endoskopisch bestätigt werden konnte. Diese Studie zeigt daher am ehesten die akkurate Rezidivrate unter Mesalazin.

Der therapeutische Effekt von Mutaflor® wird wahrscheinlich durch die Verhinderung der Adhäsion anderer Keime im Darm bedingt. Der Mutaflor®-Keim besetzt die für *E.-coli*-Bakterien zugänglichen Rezeptoren im Darm. Möglicherweise handelt es sich auch um eine direkte Inhibition, da der Mutaflor®-Koli verschiedene antibakteriell wirksame Substanzen produziert, die andere Bakterien abtöten können.

Keime, die die für die Darmschleimhaut essentiellen kurzkettigen Karbonsäuren produzieren, sind bei Colitis-ulcerosa-Patienten in ihrer Zahl vermindert. Ebenso gibt es Belege für eine Rolle sulfatreduzierender Bakterien im Krankheitsgeschehen der Colitis ulcerosa. Keime aus der Gruppe der sulfatreduzierenden Bakterien sind bei Colitis-ulcerosa-Patienten häufiger zu finden. Möglicherweise wird dies durch die in Lebensmitteln als Konservierungsstoffe enthaltenen Sulfate begünstigt. Sulfatreduzierende Bakterien treten weniger häufig in Afrika, dafür häufiger in entwickelten Ländern auf. Das entspricht den epidemiologischen Befunden zur Colitis ulcerosa, die in entwickelten Ländern eine deutlich höhere Inzidenz aufweist als z.B. auf dem afrikanischen Kontinent.

Sulfatreduzierende Bakterien produzieren Schwefelwasserstoff, welcher wiederum den Butyrat-Stoffwechsel der Kolonozyten inaktivieren kann. So wird den Kolonozyten die Energie entzogen. Diese sulfatreduzierenden Bakterien sind mittels Antibiotika schwer zu bekämpfen. Tetracyclin, Vancomycin oder Ciprofloxacin zeigen keinen Effekt. Das einzige wirksame Antibiotikum ist Gentamicin.

Vielleicht ist der *E.-coli*-Stamm Nissle 1917 in der Lage, auch diese sulfatreduzierenden Bakterien zu hemmen und so indirekt den Butyrat-Stoffwechsel der Kolonozyten und deren Energieversorgung zu normalisieren, was den entzündlichen Veränderungen entgegenwirkt.

Fazit

Seit Einführung der Aminosalizylate hat es in der remissionserhaltenden Therapie der Colitis ulcerosa wenige Neuentwicklungen gegeben. Alle Aminosalizylate sind in Studien etwa gleich effektiv. Ohne Behandlung liegt die Rezidivrate bei ca. 80 % innerhalb eines Jahres. Während die ersten Studien mit Aminosalizylaten sehr ermutigende Ergebnisse mit Rezidivraten von 12 bis 30 % ergaben, hat sich in den letzten Jahren gezeigt, daß das Risiko, ein Rezidiv zu erleiden, tatsächlich wahrscheinlich deutlich höher liegt. In neueren Untersuchungen wird es mit 50 bis 74 % angegeben.

Die Ergebnisse der aktuellen Studie zeigen, daß nach vorausgegangener Behandlung mit Gentamicin Mutaflor® und Mesalazin zur Remissionserhaltung bei Colitis ulcerosa gleich gut geeignet sind. Die Behandlung mit Mutaflor® war sicher und wurde von den Patienten gut akzeptiert. Die Wirksamkeit von Mutaflor® bei Colitis ulcerosa kann zudem weitere Hinweise auf die Ätiologie der Erkrankung geben.

Dr. B. J. Rembacken

The Leeds General Infirmary
Centre for Digestive Diseases
Great George Street
GB-Leeds LS1 3EX, England

Literatur

1. Burke, D.A., Axon, A.T.R., Clayden, S.A., Dixon M.F., Johnston, D., Lacey, R.W. The efficacy of tobramycin in the treatment of ulcerative colitis. Aliment. Pharmacol. Ther. (1990) 4: 123-29
2. Lobo, A.J., Burke, D.A., Sobala, G.M., Axon, A.T.R. Oral tobramycin in ulcerative colitis: Effect on maintenance and remission. Aliment. Pharmacol. Ther. (1993) 7: 155-58

Beeinflussung der Darmökologie: Therapeutisches Konzept mit Zukunft?

von W. Kruis

Prof. Dr. W. Kruis

Zusammenfassung

Darmökologie ist ein vielschichtiges Geschehen, das unter physiologischen Bedingungen durch unterschiedliche Faktoren bestimmt wird, wie z. B. Bakterien, Viren, Nahrungsbestandteile und möglicherweise auch genetische Anlagen. Entsprechend dieser Vielfalt bestimmt die Darmökologie eine große Zahl von Funktionen und nicht zuletzt die Befindlichkeit. Im Falle einer intestinalen Besiedlung mit einem speziellen Pathogen kommt es zu definierten Krankheitserscheinungen im Intestinum. Diese primär durch Veränderungen in der Darmökologie entstandenen Erkrankungen können sich nicht nur intestinal, sondern auch extraintestinal manifestieren, wie man am Beispiel der infekt-reaktiven Arthritis studieren kann.

Chronisch entzündliche Darmerkrankungen (CED) sind Krankheitsentitäten, die sich im Dickdarm bzw. im gesamten Intestinum manifestieren, die aber auch mit extraintestinalen Symptomen und Erkrankungen nahezu aller Organe des Körpers assoziiert sein können. Die Ätiologie der CED ist unklar. Es handelt sich um ein multifaktorielles Geschehen, bei dem Faktoren der Darmökologie eine wichtige pathophysiologische Rolle spielen.

Antibiotika sind etabliert in der Therapie entzündlicher Darmerkrankungen. Dabei stellt die antibakterielle Wirkung mit Beeinflussung der Darmökologie das Wirkprinzip dar. Nachteile einer antibiotischen Therapie sind zeitliche Begrenzung der Anwendung wegen einer möglichen Resistenzentwicklung, Nebenwirkungen und ungünstige Beeinflussung der Darmökologie.

Einige dieser Nachteile könnten durch Mikrobiologika vermieden werden. Jüngst sind kontrollierte Therapiestudien bei CED mit einer *E.-coli*-Präparation (Mutaflor®) durchgeführt worden. Die Ergebnisse hinsichtlich einer therapeutischen Wirksamkeit dieser mikrobiologischen Therapie in der Remissionserhaltung bei *Colitis ulcerosa* sind sehr positiv. Damit konnte belegt werden, daß eine Veränderung der Darmökologie durch ein Mikrobiologikum Krankheiten, die sich intra- und extraintestinal manifestieren, therapeutisch beeinflussen kann. Aufgrund dieses Wirksamkeitsnachweises, der Nebenwirkungsarmut und des pathophysiologisch begründeten Ansatzes kann die Beeinflussung der Darmökologie als therapeutisches Konzept mit Zukunft gelten.

Summary

Under physiological conditions, ecology of the gut is determined by different factors such as bacteria, virus, dietary components, and possibly by genetic constitution. Corresponding to this variety of factors, intestinal ecology determines a host of functions, and last, but not least, well-being.

In case of intestinal colonization with a certain pathogen defined symptoms of illness will occur in the intestinum. Conditions primarily arising from disturbances in intestinal ecology can cause extraintestinal manifestations, as is the case with reactive arthritis.

Inflammatory bowel diseases (IBD) affect the large bowel or the entire intestine, but can also be associated with extraintestinal symptoms in almost every organ of the body. Etiology of IBD remains unclear. IBD is a multifactorial condition in which factors of intestinal ecology play an important pathophysiological role.

Antibiotics have become a well-established part of IBD treatment. The antibacterial effect influencing intestinal ecology seems to be the effective principle. Disadvantages of antibiotic therapy include limited use due to development of resistance, side effects, and unfavourable effects on intestinal ecology.

Some of these disadvantages could be prevented by microbial preparations. Controlled clinical trials have been conducted lately treating IBD with an *E. coli* preparation (Mutaflor®). The results regarding therapeutic effectiveness in maintaining remission in ulcerative colitis are very favourable. Modification of the intestinal ecology through a microbial preparation could thus be shown to be able to therapeutically influence diseases which have intestinal as well as extraintestinal manifestations. Due to this proven effectiveness, the lack of side effects, and the pathophysiologically well-founded approach influencing the intestinal ecology seems to be a therapeutic concept with a great future.

Einführung

Die Darmökologie ist ein vielschichtiges Geschehen, das unter physiologischen Bedingungen durch unterschiedliche Faktoren bestimmt wird, wie z.B. Bakterien, Viren, Parasiten, Nahrungsbestandteile, Enzyme, Produkte der Darmschleimhaut und möglicherweise auch genetische Anlagen. Entsprechend dieser Vielfalt ist die Darmökologie an einer großen Zahl von Funktionen, wie z.B. Verdauung, Ausscheidung, immunologischer Auseinandersetzung mit der Umwelt und nicht zuletzt Befindlichkeit beteiligt.

Unter bestimmten Bedingungen kommt es zu Erkrankungen, die, z.B. im Falle einer intestinalen Besiedlung mit einem speziellen Pathogen, zu definierten Krankheitserscheinungen im Intestinum führen. Schwieriger zu verstehen ist, daß diese primär durch Veränderungen in der Darmökologie entstandenen Erkrankungen sich nicht nur intestinal, sondern auch extraintestinal manifestieren können, wie man am Beispiel der reaktiven Arthritis studieren kann. Die Darmökologie bestimmt also nicht nur intestinale Funktionen, sondern es kann bei Änderungen sowohl zu intestinalen als auch zu extraintestinalen Krankheitserscheinungen kommen. Für den Kliniker ist es daher wünschenswert, diese Ökologie zu beeinflussen, denn die Befindlichkeit wird durch die vielfältigen Funktionen der Darmflora determiniert.

Chronisch entzündliche Darmerkrankungen und Darmökologie

Chronisch entzündliche Darmerkrankungen (CED) sind Krankheitsentitäten, die sich im Dickdarm bzw. im gesamten Intestinum manifestieren, die aber auch mit extraintestinalen Symptomen und Erkrankungen nahezu aller Organe des Körpers assoziiert sein können.

Die Ätiologie der CED ist unklar. Etabliert ist die Vorstellung, daß es sich um ein multifaktorielles Geschehen handelt, bei dem Faktoren der Darmökologie eine wichtige pathophysiologische Rolle spielen (1).

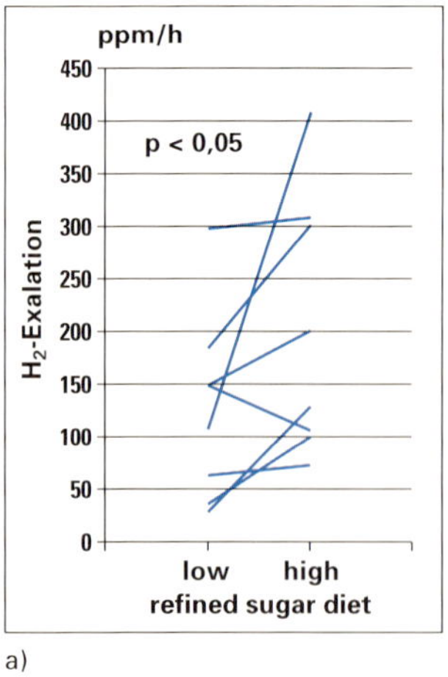

a)

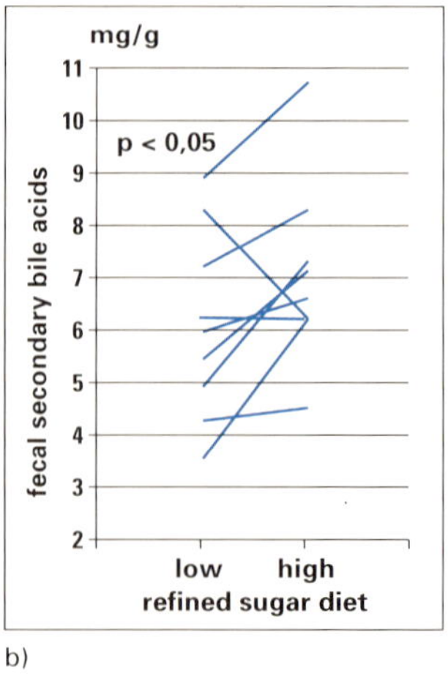

b)

Abb. 1:
a) Bakterielle H-Produktion 8 gesunder Probanden unter geringer bzw. hoher Zufuhr von raffiniertem Zucker
b) Sekundäre Gallensäuren im Stuhl 9 gesunder Probanden unter geringer bzw. hoher Zufuhr von raffiniertem Zucker

Die Darmökologie und damit ihre physiologischen und pathologischen Wirkungen können auf vielfältige Weise beeinflußt werden. So hat die Umstellung der Ernährung mit den resultierenden Änderungen der Darmökologie erwünschte (z. B. angenehmeres Stuhlverhalten bei ballaststoffreicher Ernährung) wie auch unerwünschte (z. B. Meteorismus bei raffinierten Kohlenhydraten) Wirkungen zur Folge.

Unter einer mit raffiniertem Zucker angereicherten Diät ändert sich die Wasserstoffexhalation. Diese erhebliche Zunahme der Wasserstoffexhalation ist ein Beleg für eine Änderung des bakteriellen Stoffwechsels (Abb. 1a). Die im Stuhl gemessenen Konzentrationen der Gesamtgallensäuren wie auch die der sekundären Gallensäuren steigen an (Abb. 1b). Diese haben eine Reihe von wichtigen biologischen Effekten. Sie sind Detergenzien, wirken desinfizierend und sind sekretorisch wirksam. Es ist also zu erwarten, daß allein schon aufgrund dieser Tatsache ein entscheidender Einfluß auf die Physiologie ausgeübt werden kann.

Die Transitzeit, gemessen in Stunden, verändert sich unter dem Einfluß von Zucker ebenfalls signifikant. Selbst beim Gesunden beeinflußt die Ernährung also die Darmökologie, was signifikante Effekte auf die intestinalen Funktionen hat (2).

Für den Kliniker stellt sich die Frage, wie sich die Ernährung des Patienten auf den erkrankten Darm auswirkt. Eine einfache epidemiologische Zusammenstellung zu chronisch entzündlichen Darmerkrankungen zeigt eine beeindruckende Assoziation mit der Menge von raffiniertem Zucker, die verzehrt wurde. Von 14 Untersuchungen weltweit zeigten 10 eine erhöhte Aufnahme von raffiniertem Zucker bei den Erkrankten (3). In der deutschen Morbus-Crohn-Studie Nr. V wurde unter anderem geprüft, ob die sogenannte Lutz-Diät, bestehend aus 6 BE pro Tag, einen positiven Einfluß auf die Krankheitsaktivität hat (4).

Es ergab sich ein signifikanter Unterschied im Vergleich zu einer placebobehandelten Kontrollgruppe. Ein erheblich größerer Anteil der Patienten unter der strengen, kohlenhydratarmen Diät blieb in Remission als unter Placebo. Das bestätigt zwar die Hypothese von einer möglichen Beeinflussung der Krankheitsaktivität durch eine Ernährungsumstellung, allerdings gelang es nur ganz wenigen Patienten, diese strenge Diät einzuhalten. Ernährung bzw. Nahrungsbestandteile können also auch eine Behandlung darstellen, wobei nachteilig ist, daß diese Therapie meist wenig zielgerichtet und deshalb auch eingeschränkt wirksam erscheint.

Chronisch entzündliche Darmerkrankungen: Pathophysiologie

Bereits 1972 wurde eine Hypothese zur Pathophysiologie chronisch entzündlicher Darmerkrankungen aufgestellt, die besagt, daß es ein möglicherweise bakterielles Antigen im Darmlumen gibt, das aufgrund eines unbekannten Barrieredefektes in die Darmwand penetriert. Schließlich kommt es nach der Penetration zu einer pathologischen Immunantwort, die möglicherweise genetisch determiniert ist (5).

Dieses hypothetische Modell ist heute aktueller denn je. Viele Arbeiten beschäftigen sich wieder mit dieser Thematik.

Neuere Ergebnisse gehen von einer Entzündung an der Mukosa aus. Hier kommt es zur Translokation von Bakterien aus dem Darmlumen und schließlich zur Aktivierung von Makrophagen mit der entsprechenden Produktion von Zytokinen. So wird die Information amplifiziert. Wesentliche Faktoren könnten dabei die Lipopolysaccharide sein, deren aktiver Bestandteil das Lipoid A ist. Als Ausdruck der immunologischen Auseinandersetzung findet man bei Patienten mit Morbus Crohn deutlich höhere Lipoid-A-Antikörpertiter als bei gesunden Kontrollen. Unter einer antibiotischen Therapie fallen diese Antikörper nach einer gewissen Zeit ab. Die Verringerung der Antigenmenge führt hier zu einer Änderung der Immunreaktion (6).

Antibiotika bei chronisch entzündlichen Darmerkrankungen

Antibiotika sind für bestimmte Anwendungen in der Therapie entzündlicher Darmerkrankungen etabliert. Es wird davon ausgegangen, daß dabei die antibakterielle Wirkung mit Beeinflussung der Darmökologie das Wirkprinzip darstellt. Über die Effekte einer antibiotischen Therapie bei chronisch entzündlichen Darmerkrankungen gibt es größere Studien.

In einer Untersuchung von Sutherland wurden bei Morbus Crohn verschiedene Dosen von Metronidazol mit Placebo verglichen (7). Am Ende dieser sehr großen Studie konnte gezeigt werden, daß die antibiotische Therapie während und direkt im Anschluß an die Antibiotikagabe einen Effekt zeigte. Kürzlich wurden ähnliche Erfolge auch mit einer Kombinationstherapie aus Metronidazol und Ciprofloxacin erzielt (8).

Ruttgers hat in einer Studie Morbus-Crohn-Patienten, die eine Ileozökalresektion im Gesunden durchgemacht hatten, nach der Operation für 3 Monate Metronidazol oder Placebo verabreicht (9). Es zeigte sich ein signifikanter Unterschied in den beiden Gruppen. Diejenigen, die Metronidazol bekommen hatten, wiesen in 13% der Fälle ein endoskopisches Rezidiv auf, in der Placebogruppe waren es 43%. Besonders interessant ist, daß dieser Effekt nach 3 Jahren immer noch zu erkennen war. Der Unterschied betrug immer noch über 20%, auch ohne Fortbestehen der Antibiotikatherapie. Daraus ist die Hypothese ableitbar, daß eine Änderung der Ökologie, zu einem bestimmten Zeitpunkt induziert, die Prognose der Erkrankung bestimmen kann.

Nachteile einer antibiotischen Therapie sind zeitliche Begrenzung der Anwendung wegen einer Resistenzentwicklung, Nebenwirkungen und ungünstige Beeinflussung der Darmökologie. Durch die Antibiotika kommt es zu einer Überwucherung mit nicht empfindlichen, unter Umständen sehr pathogenen Mikrorganismen. Möglicherweise kann die übermäßige und falsche Anwendung von Antibiotika bei der Entstehung chronisch entzündlicher Darmerkrankungen sogar eine ätiologische Rolle spielen.

Mikrobiologika in der Therapie chronisch entzündlicher Darmerkrankungen

Vor diesem Hintergrund ist es fraglich, ob Antibiotika uneingeschränkt als Therapeutika zur Beeinflussung der Darmökologie empfohlen werden sollten. Mikrobiologika haben nicht die Nachteile von Antibiotika; sie können sie, im Anschluß an eine Antibiotikabehandlung gegeben, sogar ausgleichen. Mit Mikrobiologika kann ohne zeitliche Begrenzung in nebenwirkungsarmer Weise die Darmökologie therapeutisch beeinflußt werden.

Malchow hat dazu eine Studie bei Morbus-Crohn-Patienten durchgeführt (10). Alle Patienten wurden im aktiven Stadium mit Prednisolon behandelt. Zugleich bekam eine Gruppe der Patienten lebende *E. coli* des Stammes Nissle 1917 (Mutaflor®), eine andere Placebo. Die Patienten wurden nach Eintritt der Remission für 1 Jahr weiter mit Mutaflor® bzw. Placebo behandelt und im weiteren Verlauf beobachtet. Es wurden zwei Strata gebildet. Stratum I enthielt die Patienten, bei denen die Erkrankung hauptsächlich im Dickdarm lokalisiert war, Stratum II umfasste die Patienten mit Befallsort im Dünn- und Dickdarm.

In der Mutaflor®-Gruppe war bei gleicher Basisbehandlung die Rezidivhäufigkeit bei ausschließlichem Kolonbefall nur halb so groß wie in der Placebogruppe. Auch ließ sich ein deutlicher steroideinsparender Effekt zeigen (Abb. 2). Es traten kaum unerwünschte Wirkungen auf, eine nicht unerhebliche Frage bei einer remissionserhaltenden Langzeittherapie.

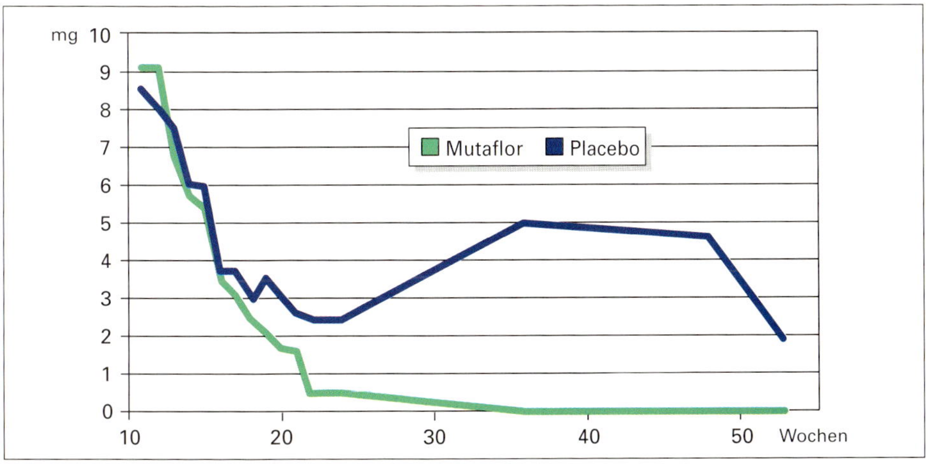

Abb. 2: Durchschnittliche Prednisolondosis in den Wochen 11 bis 53
(in den Wochen 1–10 erhielten die Patienten Prednisolon nach einem standardisierten Schema)

In einer doppelblinden Studie bei Colitis-ulcerosa-Patienten wurden Mutaflor® und Mesalazin über 3 Monate verglichen (11). Die Patienten erhielten täglich 1 x 2 Kapseln à 100 mg Mutaflor®. Die Rezidivraten und die rezidivfreie Zeit in den beiden Gruppen

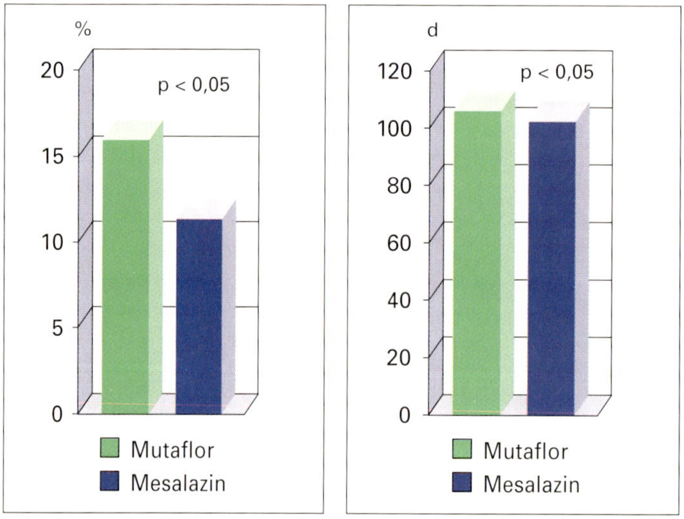

Abb. 3:
Rezidivrate (%) und rezidivfreie Zeit (d) unter Mutaflor® bzw. Mesalazin

zeigten keinen signifikanten Unterschied (Abb. 3). Momentan wird dieses sehr positive Ergebnis in einer großen Studie mit einer Beobachtungsdauer von einem Jahr überprüft.

Auch hier wird die Frage entscheidend sein, wie die Therapie vertragen wird. Mesalazin ist außerordentlich gut verträglich und sehr sicher. Es hat wenige und harmlose Nebenwirkungen, aber dies wird zumindest numerisch noch unterboten von der Nebenwirkungsrate von Mutaflor®.

Fazit

Die Darmökologie bestimmt zahlreiche physiologische Veränderungen. Diese Veränderungen führen sicher zu Symptomen, möglicherweise auch zu Erkrankungen. Die Beeinflussung der Darmökologie erlangt daher therapeutische Bedeutung.

Die Ergebnisse der aktuellen Studien hinsichtlich einer therapeutischen Wirksamkeit der mikrobiologischen Therapie in der Remissionserhaltung bei chronisch entzündlichen Darmerkrankungen sind ermutigend. Damit konnte belegt werden, daß eine Veränderung der Darmökologie, hier durch ein Mikrobiologikum, Krankheiten, die sich intra- und extraintestinal manifestieren, therapeutisch beeinflussen kann.

Aufgrund dieser Wirksamkeitsnachweise, der guten Verträglichkeit und des pathophysiologisch begründeten Ansatzes ergibt sich die Vorstellung, daß die Beeinflussung der Darmökologie ein therapeutisches Konzept mit interessanter Zukunft ist.

Prof. Dr. W. Kruis
Chefarzt der Inneren Abteilung
Evangelisches Krankenhaus Kalk
Buchforststraße 2
D-51103 Köln

Literatur

1. Sartor, R.B., Rath, H.C., Sellon, R.K. Microbial factors in chronic intestinal inflammation. Curr. Opin. Gastroenterol. (1996) 12: 327-33
2. Kruis, W., Forstmaier, G., Scheurlen, C., Stellaard, F. Effect of diets low or high in refined sugars on gut transit, bile acid metabolism and bacterial fermentation. GUT (1991) 32: 367-71
3. Persson, P.G., Ahlbom, A., Hellers, G. Crohn's disease and ulcerative colitis. A review of dietary studies with emphasis on methodologic aspects. Scand. J. Gastroenterol. (1987) 22: 385-89
4. Lorenz-Meyer, H. and the German Crohn's Disease Study Group. Omega-3 fatty acids and low carbohydrate diet for maintenance of remission in Crohn's disease. Scand. J. Gastroenterol. (1996) 31: 778-85
5. Shorter, R.G., Huizenga, K.A., Spencer, R.J. A working hypothesis for the etiology and pathogenesis of non-specific inflammatory bowel disease. Dig. Dis. (1972) 17: 1024-32
6. Kruis, W., Schüssler, P., Weinzierl, M. Circulating lipid A antibodies and their relationship to different clinical conditions of patients with Crohn's disease. Hepato-Gastroenterol. (1987) 34: 123-26
7. Sutherland, L., Singleton, J., Sessions, J. et al. Double-blind, placebo-controlled trial of metronidazole in Crohn's disease. GUT (1991) 32: 1071-75
8. Prantera, C., Zannoni, F., Scribano, M.L. et al. An antibiotic regimen for the treatment of active Crohn's disease: a randomized, controlled clinical trial of metronidazole plus ciprofloxacin. Am. J. Gastroenterol. (1996) 91: 328-32
9. Rutgeerts, P., Hiele, M., Gebors, K. et al. Controlled trial of metronidazole treatment for prevention of Crohn's recurrence after ileal resection. Gastroenterology (1995) 108: 1617-21
10. Malchow, H.A. Crohn's disease and *Escherichia coli*. A new approach in therapy to maintain remission of colonic Crohn's disease? J. Clin. Gastroenterol. (1997) 25: 653-58
11. Kruis, W., Schütz, E., Frič, P., Fixa, B., Judmaier, G., Stolte, M. Double-blind comparison of an oral *Escherichia coli* preparation and mesalazine in maintaining remission of ulcerative colitis. Aliment. Pharmacol. Ther. (1997) 11: 853-58

Adressen der Vorsitzenden und Referenten

Dr. Fernando Baquero
Department of Microbiology and
Unit for Molecular Genetics
Hospital Ramón y Cajal
National Institute of Health
E-28034 Madrid, Spain
Tel. +34/91/336-83 30
Fax +34/91/336-90 16

Prof. Dr. Hannelore Bernhardt
Ernst-Moritz-Arndt-Universität Greifswald
Klinik für Innere Medizin
Friedrich-Löffler-Straße 23
D-17489 Greifswald
Tel. +49(0)38 34/86 66 63
Fax +49(0)38 34/86 66 31

Dr. Gabriele Blum-Oehler
Julius-Maximilian-Universität Würzburg
Institut für Molekulare Infektionsbiologie
Röntgenring 11
D-97070 Würzburg
Tel. +49(0)931/31 25 81
Fax +49(0)931/31 25 78
Email: gabriele.blum@mail.uni-wuerzburg.de

Prof. Dr. Jochen Bockemühl
Hygiene-Institut Hamburg
Marckmannstraße 129 a
D-20539 Hamburg
Tel. +49(0)40/7 89 64-201
Fax +49(0)40/7 89 64-483

Prof. Dr. Brigitte Gedek
Sachverständige für Mikroökologie
und Mykotoxinologie
Bergstraße 8
D-85737 Ismaning
Tel. +49(0)89/96 91 82
Fax +49(0)89/96 20 11 33

Dr. Ivo Gentschev
Julius-Maximilian-Universität Würzburg
Theodor-Boveri-Institut für Biowissenschaften
Lehrstuhl für Mikrobiologie
Am Hubland
D-97074 Würzburg
Tel. +49(0)931/888-44 08
Fax +49(0)931/888-44 02
Email: gentsch@biozentrum.uni-wuerzburg.de

Prof. Dr. Jörg Hacker
Julius-Maximilian-Universität Würzburg
Institut für Molekulare Infektionsbiologie
Röntgenring 11
D-97070 Würzburg
Tel. +49(0)931/31 25 75
Fax +49(0)931/31 25 78
Email: j.hacker@rzbox.uni-wuerzburg.de

Prof. Dr. Dr. Hans-Beat Hadorn
Ludwig-Maximilians-Universität
Dr. von Haunersches Kinderspital
Lindwurmstraße 4
D-80337 München
Tel. +49(0)89/51 60 51 49
Fax +49(0)89/51 60 44 95

Prof. Dr. Michael Hecker
Ernst-Moritz-Arndt-Universität Greifswald
Institut für Mikrobiologie
und Molekularbiologie
F.-L.-Jahn-Straße
D-17487 Greifswald
Tel. +49(0)38 34/86 42 00
Fax +49(0)38 34/86 42 02
Email:
hecker@microbio7.biologie.uni-greifswald.de

Prof. Dr. Dr. Jürgen Heesemann
Ludwig-Maximilians-Universität München
Max-von-Pettenkofer-Institut für Hygiene
und Medizinische Mikrobiologie
Lehrstuhl für Bakteriologie
Pettenkoferstraße 9 a
D-80336 München
Tel. +49(0)89/51 60-52 00
Fax +49(0)89/51 60-5202
Email:
sekretariat@m3401.mpk.med.uni-muenchen.de

Dr. Stefan Hockertz
Fraunhofer Institut für Toxikologie und
Umweltmedizin
Grindelallee 117
D-20146 Hamburg
Tel. +49(0)40/44 76 20
Fax +49(0)40/44 76 20
Email: hockertz@uke.uni-hamburg.de

Prof. Dr. Helge Karch
Julius-Maximilian-Universität Würzburg
Institut für Hygiene und Mikrobiologie
Josef-Schneider-Straße 2
D-97080 Würzburg
Tel. +49(0)931/201-5163
Fax +49(0)931/201-5166
Email: hkarch@hygiene.uni-wuerzburg.de

Prof. Dr. Manfred Kist
Albert-Ludwigs-Universität Freiburg
Institut für Medizinische
Mikrobiologie und Hygiene
Hermann-Herder-Straße 11
D-79104 Freiburg
Tel. +49(0)761/203-6590
Fax +49(0)761/203-6562

Prof. Dr. Manfred Knoke
Ernst-Moritz-Arndt-Universität Greifswald
Klinik für Innere Medizin
Friedrich-Löffler-Straße 23
D-17489 Greifswald
Tel. +49(0)3834/866663
Fax +49(0)3834/866631

Prof. Dr. Manfred Kröger
Justus-Liebig-Universität Gießen
Institut für Mikrobiologie u. Molekularbiologie
Fachbereich Biologie
Frankfurter Straße 107
D-35392 Gießen
Tel. +49(0)641/99-35530
Fax +49(0)641/99-35549
Email: kroeger@bio.uni-giessen.de

Prof. Dr. Wolfgang Kruis
Innere Abteilung
Evangelisches Krankenhaus Kalk
Buchforststraße 2
D-51103 Köln
Tel. +49(0)221/8289289
Fax +49(0)221/8289291

Prof. Dr. Monika Krüger
Universität Leipzig
Veterinärmedizinische Fakultät
Institut für Bakteriologie und Mykologie
Margarete-Blank-Straße 8
D-04103 Leipzig
Tel. +49(0)341/9738181
Fax +49(0)341/9738199

Dr. Peter Kuhnert
Institut für Veterinärmedizin und Bakteriologie
Länggass-Straße 122
CH-3012 Bern
Tel. +41/31/631-2369
Fax +41/31/631-2634
Email: kuhnert@vbi.unibe.ch

Dr. Raja Lodinová-Žádníková
Institute for Care of Mother and Child
Podolské nábr. 157
CZ-14710 Praha 4-Podoli, Czech Republic
Tel. +42/02/61214341
Fax +42/02/61213851

Prof. Dr. Reinhard Marre
Albert-Einstein-Universität Ulm
Institut für Mikrobiologie und Immunologie
Abteilung für Medizinische
Mikrobiologie und Hygiene
Robert-Koch-Straße 8
D-89081 Ulm
Tel. +49(0)731/502-4501
Fax +49(0)731/502-4619
Email: reinhard.marre@medizin.uni-ulm.de

Prof. Dr. Tore Midtvedt
Karolinska Institutet
Department of Cell and Molecular Biology
Laboratory of Medical Microbial Ecology
S-17177 Stockholm, Sweden
Tel. +46/8/7286400
Fax +46/8/313918
Email: Tore.Midtvedt@cmb.ki.se

Prof. Dr. Stefan Müller-Lissner
Park-Klinik Weißensee
Abteilung für Innere Medizin
Schönstraße 80
D-13086 Berlin
Tel. +49(0)30/9628-3600
Fax +49(0)30/9628-3605

Dr. Björn Rembacken
The General Infirmary at Leeds
Centre for Digestive Diseases
Great George Street
GB-Leeds LS1 3EX, England
Tel. +44/113/292-2125
Fax +44/113/292-6968
Email: bjornr@ulth.northy.nhs.uk

Prof. Dr. Wolfgang Rösch
Medizinische Klinik
Krankenhaus Nordwest
Steinbacher Hohl 2-26
D-60488 Frankfurt/Main

Tel. +49(0)69 / 76 01(1)-32 42
Fax +49(0)69 / 76 01-36 14

Prof. Dr. Eberhard Straube
Friedrich-Schiller-Universität Jena
Institut für Medizinische Mikrobiologie
Semmelweisstraße 4
D-07740 Jena

Tel. +49(0)36 41 / 933-106
Fax +49(0)36 41 / 933-474

Prof. Dr. Artur J. Ulmer
Forschungszentrum Borstel
Zentrum für Medizin und Biowissenschaften
Laborgruppe Zelluläre Immunologie
Parkallee 22
D-23845 Borstel

Tel. +49(0)45 37 / 188-448
Fax +49(0)45 37 / 188-435
Email: ajulmer@fz-borstel.de

Prof. Dr. Bernd Wiedemann
Rheinische Friedrich-Wilhelms-Universität Bonn
Institut für Medizinische Mikrobiologie
und Immunologie
Pharmazeutische Mikrobiologie
Meckenheimer Allee 168
D-53115 Bonn

Tel. +49(0)228 / 73 52 72
Fax +49(0)228 / 73 52 67

Das Symposium im Bild

Am Abend des 28. November 1997 fand im Rahmen des 3. Interdisziplinären Symposiums Darmflora in Symbiose und Pathogenität zu Ehren von Theodor Escherich ein Festakt mit der Stadt Ansbach statt, der vom Ansbacher Kammerorchester musikalisch untermalt wurde. Herr Prof. H.-B. Hadorn hielt den Festvortrag. Im Anschluß wurde die vom Lions-Club Ansbach gestiftete Gedenktafel für das Geburtshaus Theodor Escherichs am Sebastian-Bach-Platz enthüllt und dem Oberbürgermeister der Stadt Ansbach, Herrn R. Felber, übergeben. In der Festansprache gab Herr Oberbürgermeister Felber bekannt, daß die zum Ansbacher Krankenhaus führende Straße künftig Theodor-Escherich-Straße heißen soll.

Die Teilnehmer des Symposiums trafen sich am Abend im Blauen Saal der Orangerie Ansbach zu einem festlichen Abendessen mit kulturellen Darbietungen des Barockensembles und des Ansbacher Markgrafenpaares.

Festvortrag von Herrn Prof. H.-B. Hadorn anläßlich des Festaktes zum 140. Geburtstag von Theodor Escherich

Im Rahmen des Festaktes überreicht Herr Dr. Schreitter vom Lions-Club Ansbach Herrn Oberbürgermeister Felber die Gedenktafel für das Geburtshaus Theodor Escherichs (Sebastian-Bach-Platz 10 in Ansbach)

Blick in den Großen Saal des Kongreßzentrums Onoldia. Vortrag von Frau Prof. M. Krüger

Abendessen im Blauen Saal der Orangerie Ansbach

Kulturelle Darbietungen des Barockensembles und des Ansbacher Markgrafenpaares

Herr Prof. D. Loew, Vorsitzender der Alfred-Nissle-Gesellschaft, dankt dem Markgrafen und seiner Gemahlin für die festliche Umrahmung des Abendessens